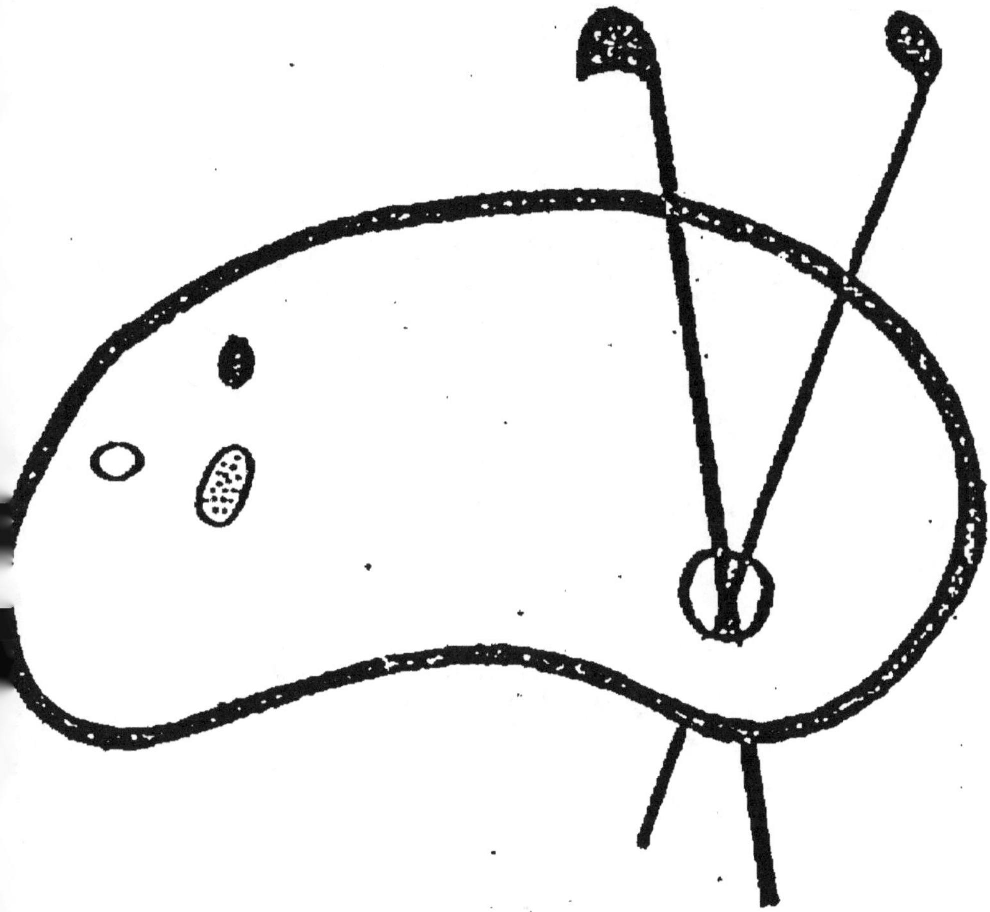

COUVERTURE SUPERIEURE ET INFERIEURE
EN COULEUR

PROTECTION

ET

LIBRE-ÉCHANGE

PAR

H. LAMANE,

Lauréat de l'Institut.

> La règle qui doit prévaloir aujourd'hui,
> c'est que l'industrie doit être libre de
> toute restriction artificielle.
> (Comte de BISMARCK, en 1868.)

PARIS

GUILLAUMIN ET Cᵒ, ÉDITEURS

De la Collection des principaux Économistes, des Économistes et Publicistes contemporains,
de la Bibliothèque des sciences morales et politiques, du Dictionnaire
de l'Économie politique, du Dictionnaire universel du Commerce et de la Navigation, etc.

RUE RICHELIEU, 14

1879

PROTECTION

ET

LIBRE-ÉCHANGE

PAR

H. LAMANE,

Lauréat de l'Institut.

La règle qui doit prévaloir aujourd'hui,
c'est que l'industrie doit être libre de
toute restriction artificielle.

(Comte de BISMARCK, en 1868.)

PARIS

GUILLAUMIN ET Cⁱᵉ, ÉDITEURS

De la Collection des principaux Économistes, des Économistes et Publicistes contemporains,
de la Bibliothèque des sciences morales et politiques, du Dictionnaire
de l'Économie politique, du Dictionnaire universel du Commerce et de la Navigation, etc.

RUE RICHELIEU, 14

—

1879

PROTECTION ET LIBRE-ÉCHANGE

I

IDÉES GÉNÉRALES. — CE QUI A PRODUIT LA RÉACTION PROTECTIONNISTE.

Tous les princes, tous les gouvernements affirment dans les édits et dans les lois qu'ils ont particulièrement en vue d'accroître la prospérité matérielle et morale des pays qu'ils administrent. Le plus souvent même ces déclarations sont faites avec un profond sentiment de sincérité. La nécessité de se tenir au niveau des nations rivales, l'orgueil de commander à un peuple riche et puissant, un vague désir de popularité sont autant de causes qui poussent les hommes investis du pouvoir à adopter, du moins en théorie, cette politique. La puissance matérielle d'un pays a des rapports si étroits avec sa richesse qu'elle décline aussitôt qu'on diminue une des sources de la production; le bon ordre, la tranquillité des esprits sont les fruits naturels d'un état social prospère, où il est facile de trouver, à des prix modérés, les objets nécessaires à la satisfaction de tous les besoins. Pour ces différentes raisons, les gouvernements, même les plus absolus, aspirent à faire régner l'abondance au milieu de leurs administrés. Il en a été presque toujours ainsi ; mais si le but qu'on se propose est excellent on emploie souvent des moyens déplorables.

Depuis une vingtaine d'années les véritables principes économiques avaient reçu un commencement d'application par les traités de commerce. Aujourd'hui on semble vouloir s'arrêter sur cette voie.

Une crise industrielle d'une certaine intensité sévit sur presque tout le globe. Il fallait attribuer cette crise aux guerres continuelles qui ont affligé l'Europe depuis douze ans, à la nécessité où se sont mises les principales puissances de dépenser des capitaux énormes en armements militaires, à l'interruption forcée des travaux publics par suite de l'achèvement des grands réseaux ferrés. Je viens de parler des armements militaires. On doit se rappeler que la France dépense annuellement pour l'armée et pour la marine militaire, toutes dépenses comprises, plus de 1 milliard de francs. La Russie et l'Allemagne consacrent chacune au même objet des sommes égales. De même l'Autriche, l'Italie et l'Angleterre font une part considérable aux budgets de la guerre. Que l'on se représente en outre la perte qui résulte pour le capital national de l'appel annuel de plusieurs centaines de mille hommes sous les drapeaux. On a fermé les yeux sur ces causes évidentes du malaise industriel que nous traversons, et l'on a voulu faire retomber tout le mal sur le libre-échange qui n'en peut mais. En France ç'a été une levée de boucliers de tout ce qu'il restait de protectionnistes. On croyait leur système mort depuis que les grands orateurs qui le défendaient ont disparu. Malheureusement, dans le monde industrie comme dans le monde religieux, les fausses doctrines survivent souvent à la secte qui les avait mises auj our Ce qu'il y a de plus surprenant, c'est qu'en Angleterre, cette terre classique de la liberté, on trouve quelques personnes qui réclament, sous le nom de *réciprocité*, des droits protecteurs sur certaines marchandises étrangères.

Il serait facile de montrer aux partisans de la protection que leur remède serait pire que le mal, en citant comme exemple l'Amérique du Nord, qui, malgré ses droits protecteurs de 20, de 50 et même de 100 p. 100, souffre plus que tout autre pays de la crise actuelle ; nous aimons mieux prendre la question de plus haut et faire voir dans quelle triste situation on nous placerait si on faisait revivre, ainsi que des gens intéressés le demandent, les abus et les injustices du régime protecteur.

J'écris surtout ce résumé pour les personnes qui entendent parler sans cesse de protection et de libre-échange et qui n'ont pas eu le temps de recueillir les données essentielles pour bien connaître la question. J'ai essayé de condenser en quelques pages assez de faits généraux pour permettre au lecteur de se faire une opinion. C'est la méthode expérimentale appliquée à l'économie politique.

II

OPINION JUSTE DES ANCIENS SUR LA NATURE DE LA RI-
CHESSE. — PRINCIPES FAUX DE LA POLITIQUE COMMER-
CIALE DE SULLY ET DE COLBERT. — ESPRIT RELATIVEMENT
LIBÉRAL DU TARIF DE 1664. — TARIF MOINS LIBÉRAL DE
1686. — TRAITÉ DE COMMERCE DE 1786. — TARIFS DE
GUERRE DE LA RÉVOLUTION. — BLOCUS CONTINENTAL.

Les anciens n'avaient prêté qu'une faible attention aux règles uniformes qui régissent les phénomes écono_miques ; ils ne connaissaient donc ni la science ni la méthode qui ont pour but d'expliquer ces phénomènes, cependant ils avaient compris comme d'instinct la vraie nature de la richesse. Aristote entend par ce mot tout ce qui peut être échangé ; les grands jurisconsultes de Rome disaient que la richesse n'était pas seulement l'or, la terre, les maisons et ce qui est tangible, mais encore les droits, les créances et en général tous les services appréciables en argent (1). Cette définition ne laisse rien à désirer, ce n'est pourtant pas celle qui a toujours prévalu.

Pendant plusieurs siècles l'opinion commune a été que la richesse d'une nation se mesure par la quantité d'or et d'argent, en espèces ou en lingots, qu'elle possède. L'Espagne passait autrefois pour le pays le plus riche du monde, parce qu'elle était maîtresse des mines

(1) Voir l'ouvrage de M. Mac Léod : *The Principles of Economical Philosophy*, p. 135 et 145.
V. Le Digeste, 50, 16, 222.

du Pérou et du Mexique. Lorsque les Espagnols prenaient possession d'une nouvelle contrée de l'Amérique, leur première préoccupation était de savoir si elle contenait des mines d'or ou d'argent; dès qu'ils avaient acquis la certitude que ces deux métaux y étaient rares ou y manquaient totalement, ils remontaient sur leurs vaisseaux et faisaient voile vers d'autres rivages. Le roi d'Espagne avait édicté les peines les plus sévères contre ceux qui seraient reconnus coupables d'avoir fait sortir du royaume de l'or ou de l'argent. Des lois analogues avaient été établies en France et en Angleterre sous l'empire des mêmes préjugés (1).

Le roi Henri IV et son ministre Sully crurent bien servir la chose publique en se livrant à cet égard aux confiscations les plus iniques. L'aveu naïf que l'on en trouve dans les *Économies royales* (2) montre combien les esprits les plus droits étaient alors abusés par l'erreur dont nous venons de parler.

Le fait de transporter à l'étranger une marchandise qui s'appelle l'or et l'argent semblait un crime d'une telle gravité qu'on ne craignait pas, pour le réprimer, de violer les plus sages prescriptions du droit des gens et de dépouiller les citoyens de leurs biens. Le piquant, c'est de voir Henri IV réclamer à Sully une part des monnaies confisquées pour payer ses dettes de jeu. Le reste des confiscations servait à enrichir le ministre.

Ces fausses doctrines furent longtemps en honneur. En 1670, Colbert ayant appris qu'un navire avait apporté au Havre une somme de 1 million en or, fut sur-

(1) Voir la *Richesse des Nations*, d'Adam Smith, liv. IV, chap. I et s.

(2) V. *Économies royales*, chap. V. T. II.

pris de n'en avoir pas été averti par l'agent de l'administration à Rouen ; il lui adressa ces paroles sévères : « Je suis un peu étonné de n'avoir pas reçu cet avis par vous, vu que vous savez qu'il n'y a rien qui puisse être plus agréable au roi que de semblables nouvelles. N'y manquez donc pas à l'avenir. » L'étonnement de Colbert, à cette époque où la France était au comble de la puissance, ne se comprendrait pas, si l'on ne savait que ce ministre partageait au sujet des causes de la richesse l'erreur de ses contemporains.

Ainsi, l'or seul constituait la richesse, comme si la richesse ne se composait pas également de machines, de charbon, de blé, de viande, d'étoffes et de tout ce qui peut servir aux hommes.

Du principe faux que les monnaies métalliques constituent la principale richesse d'un État il découle nécessairement qu'un État, pour s'enrichir, doit beaucoup vendre aux États voisins et ne leur rien acheter. C'est là le fond du *système mercantile*, et l'on dit que la balance du commerce est contre un pays, ou bien que ce pays se ruine lorsqu'il exporte à l'étranger moins de marchandises qu'il n'en importe. Cette politique commerciale repose encore sur cette idée également fausse qu'il y a antagonisme entre les intérêts matériels de deux pays et que l'un profite de l'appauvrissement de l'autre. C'est le contraire qui est vrai. On ne fait pas beaucoup d'échanges avec un peuple pauvre, parce qu'il n'a pas de quoi vous acheter ni de quoi vous vendre. On est parti de ces fausses idées pour organiser entre les peuples, sur le terrain de l'industrie et du commerce, une lutte acharnée, dont tout le monde souffre, puisqu'elle a pour effet d'écarter du marché une certaine quantité de produits, de restreindre la concurrence et d'élever le prix des choses. Nous reviendrons sur tout cela; pour le moment voyons comment cette lutte a été organisée au moyen de droits de douane, établis sous le nom fallacieux de droits protecteurs, à l'importation des marchandises.

Avant Colbert aucun esprit de suite ne se manifeste dans l'établissement de ces droits. C'étaient tantôt des taxes de protection, tantôt des taxes de prohibition, tantôt même des taxes d'un caractère purement fiscal. Ce ministre résolut d'introduire plus de méthode dans la tarification, de manière à favoriser le développement des fabriques françaises, sans exclure d'une manière absolue les objets de provenance étrangère. Réduire les droits de sortie, diminuer les droits d'entrée sur les matières premières et élever les taxes sur les produits fabriqués à l'étranger, voilà en résumé en quoi consistait le système inauguré par le tarif de 1664. Ce tarif fut dressé avec un grand esprit de modération. Colbert avait consulté les délégués des villes les plus commerçantes; tout en tenant compte des observations des hommes spéciaux il avait su se tenir en garde contre les avis que suggèrent quelquefois les intérêts privés. Cependant, il se crut obligé, trois ans après, d'admettre des droits plus élevés sur un certain nombre d'objets manufacturés. Cette surélévation fut opérée dans un but évident de protection. Quoique le système de Colbert ait soulevé quelques critiques, même de son temps, il était généralement approuvé par la masse du public. Il péchait certainement par la base, puisque son principe faisait obstacle aux échanges internationaux; il manquait d'uniformité, puisque les tarifs n'étaient pas les mêmes pour toutes les provinces, mais enfin il ne renfermait que des droits modérés, et à vrai dire il n'avait introduit aucune prohibition à l'entrée. Les droits élevés, les prohibitions n'apparaissent qu'en 1686, trois ans après la mort de Colbert. Ainsi, son œuvre, déjà imparfaite dans ses mains, subit dans celles de ses successeurs des modifications qui la rendirent encore plus nuisible aux intérêts de notre industrie.

Le tarif douanier institué par Colbert fut maintenu dans ses lignes générales jusqu'à l'époque révolutionnaire. Les changements de détail qu'on lui fit subir consistèrent en prohibitions. C'était là un effet de la faiblesse du gouvernement à l'égard des manufacturiers, qui ne se lassaient pas de réclamer, suivant leur habitude, secours et protection contre la concurrence étrangère. Le public recherchait fort les soieries de la Chine et les étoffes de l'Inde, mais le public avait tort, du moins les fabricants français le pensaient ainsi, et ils furent assez heureux pour faire interdire le commerce de ces produits dans tout le territoire. Des peines corporelles et des amendes considérables furent édictées contre tous ceux qui seraient convaincus d'avoir fait entrer de ces marchandises en France. L'édit portait qu'en cas de récidive le carcan serait infligé aux hommes et la peine du fouet aux femmes, lesquelles seraient, en outre, renfermées pendant trois années. Quant aux étoffes saisies, on en faisait des feux de joie, alors que des milliers de personnes restaient sans vêtements et sans travail pour s'en procurer. Les prohibitions ne concernaient pas seulement les étoffes de la Chine et de l'Inde, il en fut établi, au début de la guerre de la Succession d'Espagne, contre les bas de soie, de coton, de laine et de fil, fabriqués en Angleterre; elles restèrent en vigueur jusqu'en 1789. Le gouvernement anglais mettait le même empressement à entraver le commerce extérieur. Toutes ces mesures avaient pour but, dans l'esprit des hommes politiques, d'encourager le travail national, d'assurer au pays une grande quantité de métal et même de nuire à la nation avec laquelle on se trouvait en guerre, mais, en réalité, elles ne servaient qu'à enrichir un petit nombre d'industriels qui, à l'abri de l'aiguillon de la concurrence, conservaient un vieil outillage, se traînaient dans les procédés routiniers et imposaient aux consommateurs les conditions les plus dures. C'est la gloire des économistes du xviii° siècle d'avoir, les premiers, protesté contre ces abus. Les premiers, ils ont réclamé la liberté du commerce comme le principe le plus conforme au développement de la richesse. Quesnay, Turgot et leur illustre disciple Ad. Smith ne cessèrent de battre en brèche l'édifice de la protection, où les riches industriels de tous les pays s'acharnaient à défendre leurs priviléges. Peu de temps avant la Révolution, en 1786, les deux gouvernements de France et d'Angleterre se décidèrent à prendre en considération les plaintes du public, dont les économistes étaient les savants interprètes.

Un traité de commerce fut conclu, à cette époque, entre ces deux puissances. Ce traité portait la marque d'un esprit libéral : il consacrait pour l'une et pour l'autre des parties contractantes des conditions favorables aux échanges; il était destiné, par la nature de ses dispositions, à réveiller l'esprit d'émulation entre les manufacturiers et par conséquent à activer la puissance productive des deux pays, malheureusement le gouvernement français, sourd aux instructions de Turgot, avait refusé de rendre la liberté au travail par l'abolition des maîtrises, et avait négligé d'accorder aux fabricants le libre usage des machines perfectionnées, nouvellement inventées en Angleterre. On acceptait la lutte avec ce puissant pays et on renonçait au droit de se servir des nouveaux outils qu'il avait à sa disposition. Ces exemples d'aberration sont fréquents dans les actes de la bureaucratie administrative. Tandis que des métiers à carder et à filer le coton fonctionnaient avec succès chez nos voisins, cette matière se filait encore, chez nous, au rouet et à la main, et, voyez l'intelligence de l'administration du temps, il était défendu à d'autres qu'à deux ou trois industriels privilégiés de faire usage de ces métiers. Le chef d'une des premières fabriques de Rouen écrivait au comité constitué pour le traité de commerce de 1786, que les manufacturiers français pourraient soutenir toute concurrence étrangère, s'ils étaient admis à l'usage des bonnes machines dès lors employées en Angleterre, et déjà introduites en France au nombre de trois seulement ; « mais, ajoutait-il, il a été accordé, pour cette industrie, deux priviléges exclusifs, d'une durée de quinze ans, et des ouvriers venus tout exprès d'Angleterre à cet effet, ont été obligés de s'en retourner ; il faudrait que le gouvernement rachetât ces priviléges...» Ainsi, sous ce faux nom de protection, le monopole et le privilége s'élevaient toujours comme un obstacle insurmontable au progrès de l'industrie et du commerce français. Sur ces entrefaites la Révolution éclate. La législation douanière devait se transformer dans le sens des idées de liberté et d'égalité qui soufflaient alors. En effet, l'Assemblée constituante fit disparaître les mesures de prohibition et tous les droits qui par leur élévation même tendaient à exclure les produits étrangers ; elle adoucit quelques-unes des dispositions trop restrictives du traité de 1786; elle établit l'unité des douanes dans tout le pays et affranchit les transports des droits auxquels ils étaient assujettis pour passer d'une province à une autre. Le tarif de 1791 était donc remarquable par son libéralisme ; à peine si on y trouve deux ou trois dispositions rigoureuses. Il laissait entrer en franchise les matières premières et les denrées alimentaires. Du reste, les précédents tarifs avaient fixé des droits extrêmement modérés à l'entrée du blé.

Ce régime commercial ne devait pas avoir une longue durée. La France, s'étant constituée en république, se vit menacée dans son existence par les armées de toute l'Europe coalisée contre elle. On conçoit que sous l'impression de la haine, inspirée alors par l'étranger, le gouvernement se soit laissé aller aux résolutions les plus outrées. Les patriotes de la Convention témoignèrent pour le commerce anglais, en particulier, et pour tout ce qui provenait de l'Angleterre des dispositions farouches.

Dans les décrets qui furent publiés à cet égard il n'est plus question d'amendes. La peine ordinaire était vingt ans de fer. Cette peine était portée contre toute personne qui aurait acheté directement ou indirectement des marchandises manufacturées en Angleterre et les aurait introduites en France. Quant aux citoyens qui achetaient en France lesdites marchandises et en faisaient usage, ils étaient inscrits parmi les suspects et punis comme tels. On était donc exposé à être banni et même à mourir sur l'échafaud pour avoir porté des gants anglais ou une cravate anglaise. Les temps étaient durs.

La loi se dépouilla de ce caractère barbare sous le Directoire, mais elle se montra aussi exclusive que par le passé quant au commerce des produits de l'Angleterre. Le tarif douanier rédigé par ce gouvernement atteste que la haine de l'Angleterre n'était pas encore éteinte ; il atteste aussi, par certaines propositions habiles du préambule, que les protectionnistes savaient faire servir le sentiment patriotique de leur concitoyens à la défense de leurs intérêts particuliers.

La loi du 10 brumaire an V, que nous avons en vue ici, est précédée d'un exposé des motifs, où il est dit qu'un des premiers devoirs des législateurs est d'encourager l'industrie française et de lui procurer tous les développements dont elle est susceptible. C'est le vieux style dont se sont servis les partisans intéressés de la protection toutes les fois qu'on les a laissés participer à la rédaction d'une loi. Sous le couvert du patriotisme le plus pur, et à la faveur des idées belliqueuses qui agitaient alors les peuples, les protectionnistes s'emparaient de la place, c'est-à-dire du tarif, et cette fois ils s'en emparaient pour y régner en maîtres pendant un demi-siècle et plus.

La loi de l'an V, qui était une loi de guerre, et qui devait disparaître aussitôt que les circonstances changeraient, a régi les relations commerciales de la France et de la Grande-Bretagne jusqu'au milieu du second Empire. Ce fait est une nouvelle preuve de la négligence et de l'aberration administratives, que nous signalions tout à l'heure, ainsi que de l'habile ténacité avec laquelle les amis du monopole savent conserver leurs priviléges. On ne se contentait plus, comme l'avait fait Colbert, d'entraver l'arrivée des produits étrangers par des droits plus ou moins élevés, on prohibait presque tous les produits manufacturés. Les articles de la loi embrassent dans leurs termes vagues la plupart des objets de fabrication étrangère; il n'y avait d'exception que pour les matières premières et les comestibles.

Une part importante des prohibitions admises par la loi du 10 brumaire an V se trouvait dans le tarif qui était en vigueur au moment où fut signé le traité de commerce de 1860.

La situation faite à l'industrie et partant aux consommateurs par la loi de brumaire était intolérable ; elle fut rendue encore plus difficile par les fameux décrets de Berlin et de Milan, qui organisaient le blocus continental.

D'un trait de plume un homme, habitué à voir tout céder devant lui, crut pouvoir fermer l'Europe au commerce anglais. L'Angleterre n'ayant plus de débouchés pour son immense production devait mourir de pléthore, et, pendant ce temps, tous les Européens du continent devaient s'abstenir de consommer du café, du thé, du coton, du sucre de canne, du chocolat, et de toutes les denrées coloniales. Il y a un point où les desseins des hommes de génie touchent à la suprême folie, Napoléon en décrétant le blocus de l'Angleterre en était arrivé là. Les populations supportaient avec une impatience visible un renchérissement de 400 pour 100 sur le coton et sur les substances tinctoriales. Des plaintes se faisaient déjà entendre, malgré le concert de louanges que l'on adressait dans le sein des Académies au dieu du jour. Nous n'avons pas à montrer la part que ces mesures belliqueuses eurent dans la chute de l'Empire, chacun sait comment tout s'écroula ; il y a lieu seulement de s'étonner qu'elles aient laissé pendant longtemps des traces profondes dans la législation des douanes.

III

TENDANCES FÉODALES DE LA RESTAURATION FAVORABLES AU PROTECTIONNISME.

Après le rétablissement de la paix, en 1815, il était naturel qu'on revînt relativement aux échanges internationaux, à d'autres principes que ceux qu'unelonguepériode militaire avait introduits. D'un autre côté, l'opinion que la monnaie métallique est le signe et la mesure de la richesse publique était abandonnée par tous les bons esprits ; les économistes criaient par-dessus les toits que le commerce extérieur, comme le commerce intérieur. se réduit à un échange de produits et de services, et qu'un État s'enrichit autant sinon plus en recevant, en échange de ses produits, de la laine, du fer ou du charbon qu'en recevant de l'or et de l'argent. Tout homme de bonne foi admettait ces vérités élémentaires.

Si les gouvernements persévéraient dans les errements des siècles passés, c'était moins par ignorance économique que pour donner satisfaction à l'égoïsme des classes aristocratiques, propriétaires du sol et de la grande industrie. On faisait accroire au public, qui est toujours naïf en matière de questions sociales et politiques, que les droits prohibitifs avaient pour but de protéger l'agriculture et l'industrie nationale contre l'invasion des produits étrangers, mais en réalité, ce que l'on avait en vue, c'était d'assurer, à l'abri de la concurrence, de gros bénéfices à un petit nombre de privilégiés.

Sous la Restauration, les idées féodales avaient une

grande faveur à la Cour et dans les Chambres. Si les
principes de la société moderne n'avaient pas été énergiquement défendus devant l'opinion publique par des
orateurs et des publicistes éminents, le mouvement rétrograde aurait sûrement ramené notre pays à plus d'un
siècle en arrière. Les courtisans et les conseillers du roi
caressaient l'idée de refondre la société française sur un
modèle gothique, c'est-à-dire de la diviser en classes et
d'assurer la prééminence au clergé et aux familles aristocratiques. C'est ce que l'on appelait avec emphase :
« cimenter l'alliance du trône et de l'autel. » Si ce projet
ne fut pas entièrement réalisé dans notre organisation
politique et civile, il reçut un commencement d'exécution
dans notre système économique, et, chose étrange ! tandis que le peuple français se montrait susceptible à l'excès quand il était question de rendre leurs biens aux familles nobles, il voyait sans déplaisir la création de
droits énormes sur les marchandises étrangères. Il ne se
rendait pas compte que ces droits avaient pour but,
sous prétexte de protéger la production nationale, de ra-
réfier les denrées sur le marché, de les rendre plus chères
afin d'enrichir les riches industriels et les grands propriétaires, en un mot d'empêcher le bon marché, le premier avantage que doive rechercher le public. Le peuple
était niaisement dupe des manœuvres des classes diri-
geantes. On renonça, un instant, aux prohibitions, établies par le gouvernement impérial, sur les denrées coloniales et sur les matières premières des régions tropi-
cales, mais tous les droits créés en faveur des manufacturiers furent maintenus et aggravés, et l'on eut
l'incroyable audace d'en établir, au profit des propriétaires du sol, sur les céréales, sur le bétail, sur les vian-

des fraîches et salées, choses de première nécessité que tous les gouvernements précédents avaient épargnées ou légèrement grevées.

Il eût été politique et rationnel de réduire les droits d'entrée sur les substances qui fournissent la matière indispensable pour la confection des instruments de travail, comme sont le fer, l'acier et la fonte, ainsi que sur le charbon de terre, qui est le pain quotidien de l'industrie moderne. On ne le jugea pas ainsi. Tous ces produits furent frappés de taxes excessives. Tout objet venant de l'étranger payait, à moins qu'il ne fut rigoureusement prohibé. Voici quelques exemples :

Une loi de 1826 mit un droit d'entrée de 55 francs par chaque tête de bétail. Le droit sur les viandes salées était de 33 francs et de 36 francs par 100 kilogr. Par navire étranger il y avait une surtaxe. Les viandes conservées étaient assimilées aux viandes salées. Le beurre, le fromage, la graisse, l'huile, le vin étaient écrasés de droits. La plupart des étoffes étaient assujetties à des taxes telles que l'importation en était impossible. Les couvertures de lit payaient sur le pied de 220 francs les 100 kilogr.; les tapis sur le pied de 275 à 550 francs les 100 kilogr. C'étaient tout simplement des tarifs de prohibition. Les tissus de crin, d'innombrables tissus de laine, les objets en plaqué étaient prohibés. Le fer à la houille, en grosses barres, payait, en vertu d'une loi de 1822, un droit de 275 francs par 1,000 kilogr., et de 165 francs quand il était martelé au bois. Le prix ordinaire de cette marchandise était, sur le lieu de production, de 140 à 150 francs. Les outils en fer pur ne pouvaient entrer que moyennant un droit de 550 francs, et même de 605 francs par pavillon étranger. Les outils en fer rechargé d'acier étaient astreints à un droit de 1,540 francs.

Il est inutile de prolonger cette énumération. Ces quelques chiffres montrent à quel point était arrivé, chez les hommes de la Restauration, *l'enthousiasme d'enchérissement*, suivant le mot que leur adressa, un jour, Benjamin Constant du haut de la tribune. Notre pays se trouvait ainsi entouré d'une muraille de Chine, dont la garde était confiée à une armée de fidèles douaniers, et les législateurs du temps prétendaient qu'il nageait dans l'opulence parce que le pain, la viande, le vêtement, le fer et la houille s'y vendaient à très-haut prix. A ce compte une ville bloquée, où la moitié de la population meurt de faim et de froid, peut être considérée comme fort riche. C'est une nouvelle manière de comprendre la richesse. Le marché national aux produits nationaux ! s'écriait-on, et c'est avec cette fausse maxime qu'on sacrifiait la liberté individuelle, l'inviolabilité du domicile, le bien-être public aux calculs égoïstes de quelques propriétaires de forêts, de fermes et d'usines.

Quand on regarde au fond des choses on voit que cette politique n'a qu'un effet, celui d'obliger la masse des citoyens à payer une forte redevance à un petit nombre de privilégiés et à les priver, dans l'intérêt de ces derniers, d'une foule d'objets utiles. A un point de vue plus général, elle tend à isoler les peuples les uns des autres, et à entretenir parmi eux des germes de méfiance et de discorde, car il n'est pas une nation qui consente à recevoir librement les marchandises de celle qui s'obstine à refuser les siennes. « C'est par cette politique commerciale, fait observer très-judicieusement M. Michel Chevalier, que plusieurs Etats des bords du Rhin ont été poussés à entrer dans le Zollverein organisé par la Prusse, et que nous les avons excités à continuer leur concours à une politique peu amicale pour nous (1). »

Quoique la science d'Adam Smith eût trouvé de nombreux adhérents parmi les esprits éclairés, elle n'avait pas encore pénétré dans la pratique des gouvernements. Les hommes d'Etat de tous les pays en repoussaient les principes et les traitaient avec dédain d'utopies dangereuses. Le système mercantile, armé de ses droits protecteurs et de ses lois prohibitives, brillait de tout son éclat dans la Grande-Bretagne. C'en était assez pour imposer silence aux défenseurs des vraies doctrines économiques. L'exemple de l'Angleterre était alors d'un grand poids pour tout ce qui concerne l'organisation commerciale et industrielle, et lorsque ce pays est enfin arrivé à l'application des règles qui répondent le mieux à l'intérêt du plus grand nombre et à la prospérité publique, son influence n'a agi que lentement sur les autres peuples.

IV

RÉVOLUTION COMMERCIALE EN ANGLETERRE. — PRIX DU BLÉ AVANT 1814. — PITT ET LA BANQUE D'ANGLETERRE. — LIGUE, RICHARD COBDEN, ROBERT PEEL.

Cette révolution a trop d'importance pour que nous n'en rappelions pas les principaux traits. Elle a brisé le vieux système protectionniste et a contribué à répandre dans le domaine économique les idées de justice et d'é-

(1) Voir le remarquable ouvrage de M. Michel Chevalier, *Examen du système commercial*, p. 174.

galité, comme la Révolution française avait répandu ces mêmes idées dans le domaine civil et politique.

Le régime protecteur imposait aux classes pauvres de l'Angleterre des charges plus lourdes et de plus grandes souffrances qu'à celles des autres contrées et particulièrement de la France, parce que, la production en céréales de l'Angleterre étant insuffisante pour nourrir la population, les droits que l'on avait établis sur les blés étrangers maintenaient le prix du pain à un taux presque inabordable pour les classes ouvrières. On se demande pourquoi on avait établi des droits sur les blés venant des autres pays. Quel intérêt avait-on à affamer tout un peuple? Le bon sens et la politique conseillaient le contraire. Lorsque les masses sont nourries elles travaillent mieux, elles produisent beaucoup et consomment en proportion, or l'accroissement de la production et de la consommation est une cause et un signe de grande richesse. Ces considérations frappaient peu le législateur. Le législateur, c'étaient de nobles lords, des grands seigneurs, propriétaires de la majeure partie du sol du Royaume-Uni, des marchands de blé et de viande, comme disait Cobden; le législateur préférait son intérêt personnel à l'intérêt public, ou, si l'on veut, confondait l'intérêt public dans le sien propre, et imbu de cette idée peu généreuse il réclamait toujours la cherté : des rentes, des rentes et encore des rentes. Les protectionnistes, même ceux de notre époque, débitent de temps à autre de belles périodes sur leur dévouement à l'intérêt public, mais on peut être assuré que le feu de leur éloquence n'a jamais d'autre source que cette pensée secrète : « assurons-nous de bons bénéfices. »

Pendant la longue guerre que la Grande-Bretagne, dominée par la politique de Pitt, soutint contre la Révolution et l'Empire, le prix des céréales, sur le marché anglais, était monté à un chiffre très-élevé. L'agriculture nationale dut suffire à l'alimentation de la population tout entière. Les fermiers et les propriétaires terriens firent, pendant cette période, des profits considérables. Le même fait s'était déjà produit dans les guerres du xviie siècle. Sous le protectorat de Cromwell le blé se vendit à des prix énormes, à 88 schellings le quarter. Le rétablissement de la paix, après la restauration des Stuarts, amena une réaction violente dans les prix. Un grand nombre de fermiers furent ruinés. Pour porter remède à cette situation on crut devoir établir des droits exorbitants sur les blés du dehors. Ces droits ne furent atténués que vers le milieu du xviiie siècle. Après les guerres de l'Empire les mêmes causes amenèrent les mêmes effets. De 1806 à 1814 le blé s'était vendu à un prix sans précédent dans l'histoire commerciale de l'Angleterre. Le taux moyen était de 90 schellings le quarter, et plus d'une fois il s'était élevé à 110 et 120 schellings. La paix, en rétablissant le cours ordinaire des choses, fit baisser les prix de 50 pour 100.

Cette réaction fut désastreuse pour les fermiers qui avaient passé des baux pendant la période de la cherté ; les propriétaires virent aussi leurs revenus diminuer, mais ils étaient moins à plaindre.

Une autre circonstance vint aggraver cet état de choses. Dans sa lutte implacable contre la France nouvelle, Pitt avait été obligé de fournir de nombreux subsides à divers États du continent. Pour augmenter ses ressources il dut s'adresser, à plusieurs reprises, à la Banque d'Angleterre. La Banque, épuisée par les exigences du ministre, émit des bons pour une somme de beaucoup supérieure à la valeur de sa réserve métallique. Bientôt on ne vit plus de métal dans la circulation. La confiance du public s'ébranla peu à peu, une panique s'ensuivit, et un jour tous les porteurs de billets demandèrent à être remboursés. Pitt ne recula pas devant les mesures extrêmes : il demanda et obtint du Parlement l'autorisation pour la Banque de suspendre les paiements en espèces. Le cours forcé des billets en fit tomber la valeur de plus de 20 pour 100. Après la paix, la reprise des paiements étant devenue possible, une loi présentée par Peel rétablit la circulation monétaire dans ses conditions naturelles. Ce changement trop brusque peut-être, releva subitement la valeur de l'argent et occasionna une baisse dans le prix des choses. Qu'on se figure le désarroi des fermiers qui avaient pris des terres à bail au moment où le papier-monnaie perdait 20 pour 100. Ce fut un cri de détresse d'un bout à l'autre de la Grande-Bretagne. Les propriétaires du sol (landlords), qui occupaient la majorité des siéges au Parlement, étaient trop intéressés dans la question pour ne pas donner raison à leurs fermiers. Considérant qu'ils ne devaient pas subir la moindre réduction dans leurs propres revenus, ils prirent une résolution destinée à réagir contre ce double effet : la baisse du prix des blés indigènes résultant du rétablissement de la paix et la baisse du prix des choses résultant de la reprise des paiements en espèces. Ils votèrent un droit exorbitant sur les blés étrangers de manière à se réserver une sorte de monopole dans le commerce des céréales. Toutes les denrées alimentaires furent assujetties à des tarifs élevés. Des droits de protection très-restrictifs furent maintenus ou créés en faveur du sucre, du café et des bois des colonies. En un mot, les propriétaires de la métropole et des colonies semblaient avoir pris à tâche de vendre leurs produits au plus haut prix possible aux classes ouvrières et à la masse des consommateurs en général. C'est dans ce sens que furent rédigées les lois douanières des premières années qui suivirent la paix de 1814.

Cependant, des esprits distingués, des hommes d'Etat, amis du bien public, ne voyaient pas sans regret les excès de ce gouvernement oligarchique s'il en fut. Huskisson entreprit avec résolution la réforme des douanes anglaises. Les Chambres, où il exerçait un ascendant irrésistible par le talent de la parole et l'élévation de son esprit, ne firent qu'une faible opposition à ses premiers essais. Il débuta par des mesures prudentes, car il avait à ménager non-seulement l'égoïsme des classes dominantes mais encore les préjugés des classes inférieures. Il ne déracina pas les abus que la législation avait introduits ; il se borna à en atténuer les tristes effets ; il substitua aux lois prohibitives des droits protecteurs ; il diminua les restrictions, enfin il se fit, devant le Parlement, le défenseur des doctrines économiques, ce qui était à la fois une nouveauté et une hardiesse à cette époque. Au moment où ce grand ministre aurait pu rendre des services importants à son pays et à la cause de la liberté, il fut enlevé par une mort lamentable, au milieu des fêtes d'inauguration du chemin de fer de Manchester à Liverpool. L'exemple donné par Huskisson ne fut pas entièrement perdu. Les hommes qui se succédèrent au pouvoir après lui firent quelques tentatives de réformes, plus hardis en cela que les hommes d'État français, lesquels se sont montrés, pendant près d'un demi-siècle les fidèles observateurs d'une politique industrielle arriérée et routinière. Les ministres anglais, lord Grey, lord Melbourne et d'autres osèrent introduire dans le système protecteur quelques modifications libérales. En France, rien de pareil ne fut fait.

Cependant, le principe de la protection restait tou-. jours debout, même en Angleterre. Si la prohibition avait cessé, la protection subsistait encore et maintenait le prix des blés et des comestibles à un taux exagéré. L'agriculture prospérait, les *landlords* touchaient une rente assez élevée, mais ceux qui avaient à payer le pain de leurs salaires ne pouvaient pas nourrir leurs familles au milieu de l'abondance générale. Plusieurs années de fécondité avaient fait baisser le blé dans le continent, les classes pauvres de la Grande-Bretagne au lieu d'être appelées à participer aux bienfaits de cette prospérité naturelle étaient réduites à la famine, en vertu d'une. loi qui écartait des ports anglais tout blé étranger, si le blé indigène ne se vendait pas à 65 ou 70 schellings le quarter. Par là, on voit si le régime de la protection ne devait pas s'appeler plutôt un régime de spoliation. Il fallait briser cette loi. La première nécessité pour le peuple est de pouvoir se nourrir par son travail. La liberté et l'égalité commerciales sont aussi indispensables à la société anglaise où domine une aristocratie opulente que la liberté et l'égalité civiles l'étaient aux Français de 1789. Mais comment triompher de la classe des protégés, qui occupaient le pouvoir, qui disposaient des emplois, qui dirigeaient l'Eglise, qui possédaient les terres et commandaient aux paysans? En France, une révolution de ce genre se fût accomplie en quelques jours au moyen du fusil et des barricades; en Angleterre elle a été le résultat d'un travail lent, pénible et opi-niâtre de l'opinion publique, qui a fini par transformer la nation tout entière et par imposer les vrais principes au Parlement lui-même. Cet événement, l'un des plus remarquables de l'histoire industrielle de notre époque, fut l'œuvre d'un petit nombre d'hommes admirables par leur dévouement et leur talent.

Les protectionnistes parlent avec ironie de ceux qu'ils appellent les fondateurs de l'école de Manchester ou négociants de Manchester. Ces hommes firent cependant une chose bien simple : indignés de voir leurs ouvriers dans l'impuissance de se procurer une subsistance suffisante pour eux et pour leurs enfants, avec des salaires convenablement élevés, ils résolurent d'obtenir, par tous les moyens qu'autorisaient les lois, l'abolition des droits restrictifs sur les céréales et les comestibles. Ils formèrent une association, qui ne compta d'abord que huit ou neuf membres (1). La chambre de commerce de cette ville donna son adhésion à cette œuvre. Toutefois, son président exprima le vœu qu'il serait plus sage de demander une atténuation des droits qu'une abolition absolue. C'est alors que se révéla l'homme qui devait être l'âme de ce grand mouvement. Richard Cobden s'opposa énergiquement à l'adoption de cet avis. Le discours qu'il prononça dans cette circonstance peut se réduire à ces mots : Pas de transaction... abolition immédiate et complète de tous les droits restrictifs. Ces paroles formèrent la devise de la ligue contre la *loi céréales*, dont Cobden fut l'apôtre le plus ardent et le plus dévoué. Autour de lui et avec lui combattaient de nombreux amis, entre autres Fox et Brigt, tous deux orateurs puissants qui passionnèrent les foules par des discours pleins de feu et de verve. Cobden avait un tour d'esprit peut-être moins cultivé que les précédents, mais il déployait dans ses

(1) V. *Recollections of Cobden and the League* by Ashworth, p. 32 et s.

harangues plus de mâle vigueur et plus de naturel. Sa parole n'avait rien d'apprêté, elle était familière, inculte, mais toujours animée du souffle de la conviction et de la passion, telle qu'il la faut enfin pour agiter des masses de huit ou dix mille personnes. Pendant plus de quatre ans il se dévoua tout entier à la cause de la liberté commerciale. Il consacra sa vie, son temps, sa fortune à propager cette idée, parcourant les divers comtés de l'Angleterre, présidant des meetings, prenant la parole deux ou trois fois dans une réunion, éclairant les simples qui croyaient toujours que les droits protecteurs faisaient la grandeur de la nation, faisant peur aux privilégiés qui s'en vengeaient en lui criant en plein Parlement : « assassin ». Cet homme a exercé une action si puissante sur l'opinion publique de son pays, il a donné un si grand exemple de dévouement que le lecteur verra peut-être avec intérêt un spécimen de sa façon de parler aux foules. Prenons presque au hasard un morceau de ce discours improvisé, où il réfute l'idée émise par les conservateurs d'envoyer dans les colonies, aux frais de l'État, une partie de la population pauvre.

« Chaque fois, dit Cobden, que le régime restrictif a jeté le pays dans la détresse on n'a jamais manqué de dire : Transportez les hommes au loin. Cela fut ainsi en 1819, 1829, 1839. C'est encore ainsi en 1843. A toutes ces époques on entendit la même clameur : défaisons-nous d'une population surabondante. Les bœufs et les chevaux maintiennent leur prix sur le marché ; mais quant à l'homme, cet animal surnuméraire, la seule préoccupation de la législation paraît être de savoir comment on s'en débarrassera. Je vois maintenant que les banquiers et les marchands de Londres commencent à se montrer. Ils ne sont plus les froids et apathiques

témoins de la misère du pays, et les voilà qui se pré-
sentent avec un plan pour la soulager. Ils proposent
une émigration systématique, opérée par les soins du
gouvernement. Mais, qui veulent-ils expatrier? Si l'on
demandait quelle est la classe de la communauté qui
contient le plus grand nombre d'êtres inutiles, il ne
faudrait certes pas aller les chercher dans les rangs
inférieurs. Je demandai à un gentleman, signataire de la
pétition, si par hasard les marchands de la Cité avaient
dessein d'émigrer. — Oh! non, aucun de nous, me ré-
pondit-il. — Qui donc voulez-vous renvoyer? lui deman-
dai-je. — Les pauvres, ceux qui ne trouvent pas d'em-
ploi ici. — Mais ne vous semble-t-il pas que ces pauvres
devraient au moins avoir une voix dans la question?
Ont-ils jamais pétitionné le Parlement pour qu'il les fît
transporter? A ma connaissance, depuis vingt-cinq
ans, cinq millions d'ouvriers ont présenté des péti-
tions pour qu'on laissât venir les aliments à eux,
mais je ne me souviens pas qu'ils aient demandé
une seule fois à être envoyés vers les aliments. » L'orateur montrait ensuite qu'il était bien plus difficile de
procurer des subsistances à des hommes transportés
sans capitaux et sans instruments de travail dans un
pays désert que d'accroître les ressources matérielles
de l'Angleterre, où le commerce et l'industrie, délivrés
de leurs entraves, pourraient nourrir tout le monde.

Tel était Richard Cobden. Pendant qu'il agitait les
populations, un ministère tory gouvernait l'Angleterre.
Robert Peel était premier ministre, et il avait pour col-
lègue le duc de Wellington, le plus grand homme de la
terre aux yeux des Anglais, une sorte de demi-dieu.
Robert Peel, supérieur aux hommes de son parti par
son esprit politique et par la générosité de son caractère,

opérait tous les jours des réformes dans le tarif des douanes, et détruisait pièce par pièce l'échafaudage de la protection. Afin de calmer l'irritation des tories, qui l'avaient poussé au pouvoir pour conserver au contraire ce système, il leur assurait qu'il ne toucherait jamais à la loi sur les céréales ; peut-être aussi croyait-il sincèrement à l'excellence de cette loi. Mais le flot de l'opinion publique réclamant justice montait toujours, et la détresse des familles ouvrières était au comble. La Chambre des communes retentissait des discours de Cobden et de J. Brigt, que les clameurs des tories ne pouvaient dominer. Lorsqu'un homme politique abjure librement en présence de ses amis étonnés et indignés les principes qu'il a toujours défendus, lorsqu'il préfère ce qu'il croit être le vrai et le juste à ses croyances de la veille, à l'amitié de ceux qui l'ont soutenu jusque-là, on ne peut s'empêcher d'admirer cet homme. Robert Peel, après avoir combattu les doctrines de la liberté commerciale, se rendit enfin à la raison. Il monta à la tribune pour en proclamer la vérité et la justice et pour en demander l'application à ces mêmes Chambres qui l'avaient chargé de soutenir les doctrines contraires. Ce jour-là, 27 janvier 1846, dut être un beau jour pour Richard Cobden, ce fut un beau jour pour la science économique dont il s'était fait l'éloquent défenseur. La proposition du premier ministre fut soutenue à la Chambre des lords par le duc de Wellington lui-même. Après plusieurs séances orageuses, l'abrogation de la loi sur les céréales et des autres droits restrictifs fut votée. Les ports de la Grande-Bretagne furent ouverts aux produits étrangers, et cette résolution fut prise sans que l'on eût exigé des avantages réciproques des autres Etats. Une fois qu'il eut accompli cette importante réforme, Peel quitta le pouvoir, cédant la place à lord Russel, qui s'était toujours montré favorable au principe de la liberté. Le nouveau ministre termina l'œuvre de son prédécesseur en abolissant, peu d'années après, l'acte de navigation, qui assurait depuis deux siècles le monopole des transports par mer à la marine anglaise.

Le principe de la liberté commerciale a été fécond pour la Grande-Bretagne. Jamais l'industrie et le commerce anglais n'ont été aussi prospères que depuis l'époque où l'adoption de cette politique libérale a été décidée. La flotte marchande de l'Angleterre est sans rivale. Par l'accroissement inouï de sa richesse, dû à la libre concurrence, ce peuple a su remédier à la plaie du paupérisme qui le rongeait.

V

L'EXEMPLE DE L'ANGLETERRE D'ABORD REPOUSSÉ PAR LA FRANCE. — INDIFFÉRENCE DE LA RÉPUBLIQUE DE 1848 AU SUJET DE LA LIBERTÉ DU COMMERCE. — POLITIQUE COMMERCIALE DU SECOND EMPIRE. — TRAITÉ DE 1860.

Robert Peel disait à la Chambre des communes en 1846 : « Progrès ou marche rétrograde ? Choisissez bien ; des peuples ont l'œil sur vous, bien des nations attendent avec anxiété l'issue de ce débat. Déjà la Sardaigne a donné l'exemple de l'initiative d'un tarif libéral ; Naples va suivre ; la Prusse est ébranlée ; la France nous imitera... » Le ministre anglais s'était fait une idée trop favorable du bon sens et de la clairvoyance des autres gouvernements. Ses espérances furent trompées ; il mourut sans voir le système protecteur anéanti dans les

principales nations de l'Europe. Le progrès à cet égard,
malgré l'exemple de l'Angleterre, ne s'est accompli
qu'avec une déplorable lenteur. L'apathie des peuples à
sortir de l'ornière quand il s'agit d'industrie, l'ignorance des conseils d'administration et la persistante
ténacité des protectionnistes sont les principales causes
de ce retard. Le gouvernement du roi Louis-Philippe
manifesta d'abord quelques velléités de réaliser dans
notre régime commercial des réformes libérales, le roi
inclinait personnellement pour un système qui eût consacré le principe de la liberté, mais ses ministres les plus
influents et la majorité des Chambres étaient opposés à
tout changement dans l'ancien état de choses. Aussi les
premières tentatives que l'on fit ne portèrent guère que
sur la liste des objets prohibés, dont le nombre fut seulement réduit. Le principe de la protection et de la prohibition fut maintenu. De temps en temps on levait
d'une main timide une prohibition sur un produit dont
la fabrication était inconnue en France et dont l'entrée
par conséquent ne pouvait nuire à aucune industrie protégée. C'est ainsi que fut supprimée la prohibition sur
les fils de laine longue peignée retors à deux bouts. Ces
fils qui ne se fabriquaient pas chez nous étaient deman-
dés par l'industrie lyonnaise pour la confection des pope-
lines.

A partir de 1841 tout essai de réforme devint impossible. Les défenseurs de la protection se montrèrent in-
traitables ; en peu de temps ils reconquirent le terrain
qu'ils avaient perdu durant les années précédentes. Ils
se trouvaient partout, dans les rangs de l'opposition,
parmi les amis du pouvoir, dans le Conseil supérieur du
commerce, et partout ils menaçaient le gouvernement
de lui créer des embarras et même d'armer ses ennemis

s'il refusait de leur donner satisfaction sur tous les points. Les expériences faites avec tant de succès en Angleterre, au lieu de leur ouvrir les yeux n'avaient contribué qu'à exciter leur colère. Le ministère bon gré mal gré était forcé de se soumettre à leurs exigences. Sur l'injonction des protectionnistes il se résigna à augmenter du double les droits afférents aux fils de lin et de chanvre d'origine étrangère et à reporter sur les tissus l'augmentation ainsi accordée aux fils. Il fut obligé de faire d'autres actes de soumission. L'aggravation des droits dont il vient d'être parlé n'atteignait pas la Belgique qu'un traité récent plaçait dans une situation commerciale privilégiée vis-à-vis de la France. Les liens intimes qui rattachaient ce petit royaume à la monarchie française justifiaient suffisamment cette exception, outre que des considérations politiques de premier ordre nous engageaient à contracter avec lui une union douanière, qui eût contrebalancé les effets du Zollverein des Etats allemands. Aucune raison politique ou économique ne put triompher de l'entêtement des protectionnistes. D'après eux, les produits français devaient être couverts aussi bien du côté de la Belgique que du côté de l'Angleterre. Quant aux avantages d'une union douanière avec un pays voisin ils ne sauraient les apprécier, et leur patriotisme ne va pas jusque-là. Le gouvernement accepta toutes les conditions: il consentit à signer avec l'Etat belge un nouveau traité en vue de limiter les quantités de fils et de toiles pouvant être importées en France aux droits réduits, c'est-à-dire aux anciens droits Dans une foule de circonstances il fut abreuvé d'humiliations. Tous ses projets de réforme étaient repoussés, et souvent on l'obligeait à les désavouer publiquement. Le dernier mot de la politique

industrielle de cette époque était : droits élevés et prohibitions.

Un exemple de l'ineptie économique qui caractérisait
les Chambres de la fin du règne de Louis-Philippe se
trouve dans les débats qui eurent lieu au sujet du projet
de loi de douane présenté par le gouvernement le 30
mars 1847. Les modifications contenues dans ce projet
étaient empreintes d'un esprit modérément progressif.
On y proposait de lever quinze prohibitions, de supprimer tout droit de douane sur 298 articles inscrits dans
le tarif des douanes, de réduire les droits d'entrée sur
certains produits nécessaires aux arts et à l'industrie,
d'accorder aux constructeurs de navires français l'ad-
mission en franchise des fers en barres, des tôles, des
cornières, du cuivre, du zinc brut ou laminé, du lin et
du chanvre, à charge par eux de justifier, dans le délai
d'un an, de l'affectation desdits objets aux constructions
navales. Les maîtres de forge et à leur suite toutes les
industries favorisées poussèrent un cri d'indignation. La
Chambre des députés, qui était comme leur citadelle,
confia l'examen de ce projet de loi à une commission,
dont le rapporteur conclut au rejet des principales réformes proposées. Son discours est un véritable monu-
ment digne d'être transmis à la postérité. Nous n'en
donnerons ici qu'un passage. Après avoir rappelé les
paroles de Robert Peel, citées plus haut, il s'écriait :
« Ces derniers mots ne sont-ils pas assez significatifs ?
N'est-ce pas la révélation de la pensée anglaise..... Et
comment n'ont-ils pas averti les défenseurs du libre-
échange du sort qui serait réservé à notre industrie, à
notre agriculture, si nous adoptions pour nous-mêmes
les procédés de l'Angleterre ? Ne suffisait-il pas que nos
voisins nous invitassent à imiter leur système, pour nous

engager à l'éviter? Admettons cette émulation, cette concurrence, les céréales, les laines étrangères envahiraient nos marchés, au grand détriment de nos productions rurales; nos houilles, nos minerais, nos forges seraient hors d'état de lutter contre l'invasion des produits anglais et des produits belges. La plupart de nos établissements métallurgiques, de nos manufactures seraient frappés de mort. Lille, Roubaix, Rouen, Mulhouse, etc., périraient devant Liverpool, Manchester et Birmingham.... » En parlant de l'invasion des produits anglais et de la mort prochaine de nos principales cités manufacturières, le rapporteur voulait sans doute fournir à la rhétorique des exemples d'hyperboles; l'expérience a montré depuis ce qu'il y avait de peu fondé dans ces fantaisies oratoires.

La révolution de 1848 rejeta dans l'oubli toutes les questions relatives aux douanes. Quoiqu'elle eût témoigné de sa sympathie pour toutes les libertés et particulièrement pour la liberté de l'industrie et du commerce, elle ne fit rien dans ce sens. Bien plus, elle aggrava certains droits, de telle sorte que sur ce point elle s'éloigna encore plus que les gouvernements antérieurs du principe de liberté, proclamé si haut par ses orateurs. Au reste, l'attention du public n'était pas tournée vers les véritables notions de la science économique. Des publicistes éminents, de savants économistes cherchaient à éclairer l'opinion : ils formaient des associations dans le but de propager les idées du libre-échange, ils tenaient des réunions dans une salle de la rue Montesquieu, ils prononçaient des discours, ils écrivaient des livres contre les erreurs et les mensonges du système protecteur. Rien n'y fit ; le public ne les entendit pas. La presse était entre les mains de leurs adversaires. Les écrivains qui conduisaient les masses en ce temps prêchaient les utopies socialistes, ou bien s'abstenaient de traiter toute question d'économie sociale, « ne voulant pas, disaient-ils, se laisser distraire de la question politique. » Dans notre pays, les intérêts matériels ont été souvent mis au second rang pour les vaines disputes d'une politique abstraite. Quant aux protectionnistes, ils triomphaient et raillaient fort les partisans du libre-échange qu'ils appelaient les anglomanes de Montesquiou's Hall. On connaît l'échec qu'éprouva devant l'Assemblée législative de 1851 la proposition de M. Sainte-Beuve tendant à substituer le principe de la liberté des échanges au principe de la protection. L'illustre M. Thiers employa alors toutes les ressources de son incomparable talent à défendre les doctrines protectionnistes.

Le gouvernement impérial n'essaya pas de rompre, dès les premières années, avec les traditions qui avaient été suivies jusque-là en matière de douanes. Cependant le bruit courait que la théorie du libre-échange jouissait d'une certaine faveur dans les hautes régions du pouvoir, et ce bruit ne laissait pas que de causer de vives inquiétudes aux défenseurs du régime protecteur. La vérité se faisait jour péniblement au milieu des nuages que les classes privilégiées avaient amoncelés. Le parti de la protection se trouvait toujours en majorité dans les Chambres, et il se promettait bien de faire échouer toute proposition de loi tendant à réduire les tarifs, la proposition vînt-elle du gouvernement, devant lequel cependant il avait pris l'habitude de courber la tête. Les succès que l'industrie française avait obtenus à l'Exposition universelle de Londres de 1851 n'étaient pas pour ce parti une preuve que la France pût soutenir la concurrence des industries étrangères. C'est en vain que les plus riches industriels de l'Alsace réclamaient l'abrogation des anciens droits et l'inauguration d'un système plus libéral. Les protectionnistes, aveuglés par leur propre intérêt, n'avaient qu'une idée fixe, conserver leurs priviléges. Connaissant ces dispositions des Assemblées législatives, le gouvernement de l'empereur, qui avait arrêté en principe le plan d'une réforme douanière, se décida à réduire une foule de droits au moyen de divers décrets, rendus en 1853, 1854, 1855. Ces réductions portèrent sur les matières premières et notamment sur les soies, les laines, le coton, les graines oléagineuses, les fontes et les fers, etc., etc. Après que l'Exposition qui eut lieu à Paris en 1855 eut confirmé aux yeux de tout le monde les immenses progrès de notre industrie, le chef de l'Etat résolut de réorganiser le système douanier sur le principe de la liberté. Le pays était muni de voies de communication rapides, qui permettaient à nos industriels de porter leurs produits sur le marché à aussi bas prix et aussi promptement que leurs concurrents étrangers. Une production plus active, plus perfectionnée et plus économique devait être le fruit d'un régime de concurrence sagement appliqué. Il était donc de l'intérêt des consommateurs et de l'intérêt du travail national de renoncer à la vieille méthode de la protection. Un projet de loi portant retrait de toutes les prohibitions fut présenté au Corps législatif. Ce projet de loi fut repoussé à une grande majorité, en 1856. L'empereur fut étonné de cet acte d'indocilité de la part d'une Assemblée qui lui avait donné toutes les marques d'une soumission servile. Il prit une décision que les amis du bien public ne sauraient blâmer. S'appuyant du droit que lui conférait la Constitution de signer des traités de commerce, il fit publier par le *Moniteur* que la levée des prohibitions

aurait lieu ou du moins pourrait avoir lieu à partir du
1er juillet 1861. La note officielle ajoutait : « L'industrie
française prévenue des intentions bien arrêtées du gouvernement aura tout le temps nécessaire pour se préparer à un nouveau régime commercial. » Peu de temps
avant l'arrivée de ce terme, M. Michel Chevalier entreprit de son propre mouvement un voyage en Angleterre,
se mit en rapport avec son ami Cobden, s'entretint avec
M. Gladstone et prépara tout pour faire conclure entre
les deux gouvernements un traité de commerce, qui ne
devait pas consacrer la liberté absolue, mais qui en
fixant les droits d'entrée à un chiffre peu élevé serait la
condamnation du système protecteur. Les matières premières devaient même être exemptes de tous droits. Les
deux gouvernements entrèrent en pourparlers par l'inter-
médiaire de l'illustre économiste et réussirent facilement
à s'entendre. Le traité de commerce fut signé le 23 janvier 1860. On a eu raison de considérer cet acte comme
un des plus importants et des plus utiles du règne de
Napoléon III. Il a exercé la plus heureuse influence sur
notre industrie contrairement aux lugubres prévisions
des manufacturiers intéressés au maintien de l'ancien
état de choses. L'exemple de la France fut décisif pour
entraîner dans la même voie les autres puissances. Des
traités de commerce ont été conclus entre la France, la
Belgique, la Suède, la Suisse, l'Italie, l'Autriche, le
Portugal et l'Allemagne.

VI

OPINION DE CAVOUR SUR LA LIBERTÉ DU COMMERCE.

Il est juste de faire observer qu'un Etat voisin, dirigé
par un grand ministre, a pris avant la France l'initiative

de cette politique large et progressive. Avant d'entre-
prendre la guerre contre l'Autriche le comte de Cavour
qui avait puisé dans l'étude de l'économie politique les
connaissances pratiques nécessaire à un homme d'Etat,
pensa que le plus sùr moyen d'accroître les ressources
matérielles du Piémont consistait à lui appliquer les
principes des économistes. La concurrence et la liberté
du commerce lui parurent être les meilleurs stimulants
pour activer la production nationale. Voyageant en Angleterre, en 1843, dans le but de s'instruire, il écrivait à
un de ses amis ces mots qui dénotent une admirable pers-
picacité : « La grande question européenne dans ce moment, c'est la question commerciale. C'est du moins
l'avis de tous les penseurs de l'Angleterre. Malgré la
réaction en faveur du système protecteur, qui s'est ma-
nifestée dans plusieurs Etats, je ne doute pas que la cause
de la liberté ne fasse des progrès dans tous les esprits
éclairés. En Angleterre elle est complétement gagnée
dans le monde intellectuel. Il n'y a plus un homme un
peu fort qui ne soit au fond pour l'abolition des tarifs
protecteurs. A cet égard il n'existe pas de différence
réelle entre sir R. Peel et lord John Russell. Les véritables tories sont furieux, ils rongent le frein et se conten-
tent de dire des horreurs des ministres en particulier. La
mort du duc de Wellington amènera probablement une
rupture dans le parti tory. Les encroûtés rompraient
avec Peel, qui probablement chercherait un appui dans
les whigs modérés, dont il n'est séparé que par des
nuances imperceptibles. » Le résultat de ces observations ne devait pas être perdu. Le trait suivant montrera
comment les hommes de cette trempe entendent la fidé-
lité à leurs convictions : Un jour, à Paris, dans une
séance de la Société d'économie politique, Cavour venait

de parler, « Voilà, lui dit Léon Faucher, de bien beaux
principes, de ceux qu'on proclame quand on frappe à la
porte du pouvoir, et qu'une fois cette porte ouverte et le
seuil franchi on jette par la fenêtre. » — « Parlez pour
vous, reprit vivement Cavour, quant à moi je vous donne
ma parole d'honneur que si jamais il m'arrive d'être ministre, je donnerai ma démission ou je ferai triompher
mes principes (1). » Peu de temps après le roi de Sardaigne lui confia le portefeuille de l'agriculture et du
commerce. Le comte mit tous ses efforts ..apatroniser
en Italie la pratique de la liberté commerciale. L'opposition qu'il rencontra du côté des protectionnistes, les
calomnies qu'on répandit contre lui, jusqu'à l'accuser de
vendre son pays aux puissances étrangères dans le but
d'accroître sa fortune privée, rien ne lui fit abandonner
sa résolution. Au moment où éclata la guerre de 1859, il
avait signé des traités de commerce avec le Suède, le
Danemark, la France, la Belgique et même l'Autriche.
L'application de ce système commercial augmenta les
ressources de ce petit pays et permit au ministre qui
présidait à ses destinées de préparer activement la guerre
d'où devait sortir le royaume d'Italie.

VII

LOIS LIBÉRALES RELATIVES A NOS COLONIES ET A NOTRE
MARINE MARCHANDE. — ETAT DE L'OPINION PUBLIQUE
EN MATIÈRE DE LIBRE-ECHANGE A LA FIN DE L'EM-
PIRE.

Ainsi le système protecteur disparaissait peu à peu
de la scène du monde et faisait place au régime de la

(1) Voir *Le Comte de Cavour*, par M. de la Rive, p. 216.

concurrence. Le gouvernement français, qui avait donné aux idées de réforme un appui signalé par le traité de 1860, chercha à consolider les effets de ce traité par d'autres lois. Il fit admettre, cette même année, trois lois importantes. L'une, du 7 mai, affranchit de tous droits les matières premières ; l'autre, du 23 mai, réduisit notablement les taxes sur les denrées coloniales ; la troisième mit à la disposition du gouvernement une somme de 40 millions destinée à venir en aide aux industriels qui n'avaient pas les capitaux suffisants pour renouveler leur outillage.

Ce gouvernement proposa deux autres mesures qu'il convient de rappeler. L'une a pour objet les rapports de la métropole avec ses colonies, l'autre la marine marchande.

Les relations de la France avec les colonies étaient régies par des règles surannées dont l'ensemble formait ce qu'on était convenu d'appeler le *pacte colonial*. On pouvait les résumer ainsi : 1° réserve de la production coloniale au marché métropolitain ; 2° réserve du débouché colonial à la production métropolitaine ; navigation intercoloniale réservée au pavillon national. Ces dispositions avaient placé le commerce de nos principales colonies dans une situation intolérable. La Martinique, la Guadeloupe et la Réunion, dont la production consiste surtout en sucre, se plaignaient de ne pouvoir vendre leurs produits qu'à la mère-patrie, où les fabricants de sucre de betterave étaient déjà en possession du marché ; elles demandaient à la métropole, non comme un acte de générosité mais comme un acte de justice, l'abrogation du pacte colonial. La liberté seule, en leur permettant de porter directement les produits du sol et de leur industrie là où elles voudraient, pouvaient leur rendre leur ancienne prospérité. La loi du 3 juillet 1861 fit droit à ces légitimes réclamations. Une liberté absolue fut reconnue aux trois colonies en question pour les faits relatifs à leur commerce. A partir de cette époque elles ont eu la facilité d'exporter sous tous les pavillons et à toute destination leurs marchandises. Un article de cette loi stipulait des avantages réciproques pour les échanges effectués entre les trois colonies et la métropole ; cette dernière différence disparut peu après par suite d'une interprétation large du sénatus-consulte de 1866, qui a accordé aux conseils généraux de ces trois îles la faculté de fixer les tarifs d'octroi de mer sur les objets de toute provenance, et de remplacer les tarifs de douane par les tarifs d'octroi. Il résulte de là que l'émancipation commerciale est un fait accompli.

La seconde mesure signalée plus haut se rapporte à la marine du commerce. Avant 1789, il était d'usage, dans les Etats européens, de combler de faveurs la marine nationale et de frapper de surtaxes et de prohibitions la marine étrangère. Ce régime barbare fut remis en vigueur, chez nous, après le rétablissement de la paix, en 1815. On ne voit pas quelles conséquences heureuses il a eues ; on peut affirmer, sans crainte de se tromper, que plus notre marine a été protégée plus elle a décliné. En 1866, on prit enfin l'initiative de soumettre cette industrie à des règlements moins restrictifs. Par la loi du 16 mai de cette année, on a supprimé la surtaxe de pavillon et autorisé l'importation des navires étrangers tout gréés, avec leurs machines, en franchise de droits, ou du moins avec un droit de simple balance de 2 francs par tonne de jauge, sans rien pour la machine. En vertu de cette même loi, tous les objets bruts ou fabriqués entrant dans la construction des bâtiments de mer destinés au commerce sont admis en franchise de droits, à charge de justifier de leur affectation dans le délai d'un an. Une loi du 28 juillet 1873 a rétabli cette législation un instant anéantie par le gouvernement de M. Thiers. Si cette réforme n'a pas donné jusqu'ici des résultats appréciables, à qui la faute sinon à ceux qui se plaignent qu'on ne les protége pas et qui ne font rien pour perfectionner leur matériel.

La révolution économique produite par le traité de commerce et par les mesures libérales qui le suivirent ne s'est pas accomplie sans causer çà et là quelques dommages. Aucune réforme, aucun changement considérable ne survient dans la société, sans opérer un certain déplacement d'intérêts. Avec le régime de la liberté on vit des établissements, impuissants à soutenir le choc de la concurrence, tomber en ruine ; il y eut des récriminations, des douleurs individuelles, on s'y attendait. De leur côté les intérêts atteints auraient dû se préparer aux conséquences inévitables d'une organisation nouvelle, puisqu'ils étaient prévenus longtemps d'avance des intentions du gouvernement. Les plaintes des victimes s'évanouirent dans l'air, le mérite du nouveau régime économique se montra par des effets généraux tellement éclatants qu'il fallut bien se rendre à l'évidence. Notre commerce et notre industrie prirent un essor incroyable. La somme de nos exportations s'éleva à un chiffre jusqu'alors inconnu ; il était manifeste que la puissance productive du pays s'était considérablement accrue en peu de temps, et que cet accroissement avait pour cause principale la politique commerciale inaugurée en 1860. Il y eut alors un retour de l'opinion publique en faveur de la liberté du commerce. Ce mouvement de réaction gagna peu à peu le public éclairé, et bientôt la France entière se trouva convertie à la doctrine du libre-échange. A la fin du second Empire on put constater, dans une enquête faite à ce sujet, que l'immense majorité des chambres de commerce donnaient leur adhésion au régime de la liberté. Les réclamations ne portaient que sur des questions de détail. Il nous reste à examiner si les doctrines du libre-échange ont fait de nouveaux progrès sous le gouvernement de la République.

VIII

GOUVERNEMENT DE M. THIERS. — RETOUR AUX IDÉES DE PROTECTION. — MINISTRES DES FINANCES DE CE GOUVERNEMENT : MM. POUYER-QUERTIER ET DE GOULARD. — LOIS RESTRICTIVES SUR LES MATIÈRES PREMIÈRES.

Après la fatale guerre de 1870-71 nos finances étaient dans un état désespéré : il fallait non-seulement réparer les pertes que le pays avaient éprouvées, mais aussi satisfaire aux exigences d'un ennemi dont la rapacité rappelait celle des hordes barbares du ve siècle ; il fallait ramener la confiance et imprimer au travail national une activité nouvelle. A la fin de 1871 notre budget se trouvait surchargé d'un surcroît de dépenses annuelles de 600 millions de francs. C'était une tâche difficile que celle de créer de nouvelles ressources budgétaires sans écraser le contribuable par des taxes intempestives. Au milieu de ces difficultés, tous les esprits qui ont quelque souci de la fortune publique cherchèrent à donner leur avis. Il devait en être ainsi. Dans un pays libre l'opinion seule gouverne, et la France qui faisait l'apprentissage de la liberté ne s'abandonna pas. Quand on se reporte

par la pensée à ces jours de deuil, s'il est une chose qui
tempère la douleur de si grands désastres, c'est de voir
notre pays reprendre courage, se relever peu à peu et se
réorganiser. Toutefois ce serait une exagération de pré-
tendre que l'œuvre de la réorganisation fut exempte
d'erreurs, nous ne voulons relever ici que celles qui
furent commises contre le principe de la liberté du commerce. Le protectionnisme que l'on croyait mort se ré-
veilla tout à coup ; il était au pouvoir. M. Thiers était le
seul homme politique qui eût conservé, dans cette époque troublée, son autorité et son prestige ; il fut porté à
la présidence de la République par la voix de la majorité
de ses concitoyens. La pratique des affaires, l'expérience
du pouvoir, une longue habitude des débats parlemen-
taires, son âge, ses grands travaux d'histoire, son beau
talent d'écrivain et d'orateur, son nom connu et honoré
dans toute l'Europe, tout le désignait pour la direction
suprême des affaires publiques. On savait qu'il avait
défendu sous l'Empire le pouvoir temporel du pape,
mais les événements avaient changé sur ce point son
opinion ; on savait aussi qu'il avait été le champion ardent des théories protectionnistes, on croyait que sur ce
sujet encore le temps avait modifié sa pensée, on se trom-
pait. Loin de nous l'intention d'amoindrir la part immense que ce grand homme a eue dans le relèvement
de notre patrie ; il était beau de voir ce vieillard de
soixante-quinze ans retrouver l'ardeur, l'activité et l'éloquence de sa jeunesse pour apaiser les partis et montrer
la voie à suivre, mais il est permis de le dire, aujour-
d'hui que son nom est au-dessus de nos disputes et que
la mort a consacré sa gloire, il eut tort de croire que la
France en le choisissant pour être le chef du pouvoir
exécutif consentirait à accepter toutes ses idées, même

ses idées économiques. S'il se fût rendu mieux compte
de l'opinion publique à cet égard, il eût pu s'épargner
d'amères déceptions et éviter ces menaces de démission
qu'il renouvelait si souvent à la tribune et qui le décon-
sidéraient.

Si M. Thiers eût été libre d'appliquer à la France la
politique commerciale qui avait ses préférences, on eût
vu refleurir le régime protecteur des plus beaux jours.
On a peine à comprendre qu'un esprit de cette portée, si
attentif d'ordinaire à saisir le courant de l'opinion, se
soit obstiné à croire que les aspirations du commerce et
de l'industrie étaient en 1872 ce qu'elles étaient en 1840,
et qu'il est de l'intérêt public d'entraver les relations in-
ternationales. Aussitôt qu'il eut le pouvoir, il appela
au ministère des finances un industriel beaucoup plus
connu pour sa loquacité et son attachement au système
de la protection que pour ses connaissances financières.
M. Thiers et M. Pouyer-Quertier représentaient le protectionnisme le plus pur, et de plus ils se mirent en devoir
de le faire admettre par l'Assemblée nationale. Leurs
messages et leurs discours étaient des philippiques vio-
lentes contre la liberté commerciale et ses défenseurs. Le
ministre des finances se distinguait surtout par l'em-
portement de ses attaques. Les projets de loi du gouvernement dans le sens protectionniste ne se firent pas at-
tendre. L'année 1871 ne s'était pas écoulée qu'il manifesta
l'intention de rétablir en faveur de la marine marchande
la surtaxe de pavillon, de dénoncer le traité de commerce
avec l'Angleterre sur le point d'expirer, et de créer un
impôt sur les matières premières. On affectait d'ignorer
que depuis douze ans le commerce français fût soumis à
une nouvelle organisation, et qu'il eût retiré de cette
organisation de précieux avantages. Protéger la ma-

rine nationale en frappant les navires étrangers, éluder les effets de la liberté introduite par les traités en créant un droit à l'entrée des matières premières, en un mot, faire revivre les dispositions surannées du système protecteur et nous ramener à quarante ans en arrière, telles étaient les visées de notre gouvernement. Du reste, pour rétablir toutes ces vieilleries depuis longtemps abandonnées par les Etats européens, aucune étude préalable, aucun esprit de suite, aucun principe scientifique ne guidait sa pensée. L'opinion préconçue du chef de l'exécutif avait l'autorité d'un oracle : Il décidait et l'Assemblée nationale votait. C'est du moins de cette manière que fut obtenue cette loi funeste sur la marine marchande dont nous avons déjà parlé. Lorsque l'Assemblée opposait un peu de résistance, le président de la République se présentait à la tribune; il parlait éloquemment de son grand âge, de ses travaux, de ses fatigues, de sa longue expérience, et comme dans notre pays on est toujours sensible au charme d'une parole vive et imagée, on se laissait convaincre. La loi autorisant le gouvernement à dénoncer le traité avec l'Angleterre fut votée après un discours de M. Thiers, où l'illustre orateur déploya toute la finesse, tous les artifices de son éloquence.

Cependant, l'opposition de la Chambre fut plus vive et plus longue quand il s'agit d'imposer les matières premières. Des considérations de l'ordre politique se joignaient à des raisons de l'ordre économique pour faire écarter ce projet. Les cotons, les laines, les peaux, les bois d'ébénisterie, les métaux, etc., nous sont fournis par des pays qui ont conclu avec nous des traités de commerce ou sont élaborés par ces mêmes pays. Par conséquent, ces réflexions se présentaient naturellement à l'esprit : Comment amener ces Etats à renoncer aux avantages que leur assuraient des conventions encore en vigueur? N'allait-on pas s'exposer à recevoir un refus, humiliant pour notre diplomatie et pour notre dignité nationale? Eloigner de nous des peuples étrangers au lendemain de nos désastres, et cela pour un impôt dont le revenu était fort douteux, n'était-ce pas là une mauvaise politique? Combien n'était-il pas préférable de favoriser l'entrée de ces marchandises si nécessaires à l'industrie française, afin d'augmenter autant que possible le chiffre de nos exportations en objets manufacturés. Les esprits qui réfléchissent hésitaient en présence de toutes ces difficultés. En dehors d'un petit cercle de protectionnistes, l'Assemblée des représentants était convaincue que la création d'un droit sur les matières premières serait une œuvre détestable à tous les points de vue. Quelques industriels comptaient qu'il leur serait possible d'obtenir une certaine protection au moyen des droits compensateurs à établir sur les produits étrangers fabriqués avec les matières imposées chez nous ou avec des matières similaires. Ces industriels intéressés étaient les partisans enthousiastes du programme du gouvernement. Malgré l'attrait que pouvait avoir pour beaucoup de personnes la promesse de ces avantages particuliers, malgré l'ascendant exercé par le chef de l'Etat sur la majorité des députés, ce programme échoua à plusieurs reprises. Il fut repoussé par trois commissions et par l'Assemblée, mais c'était une idée fixe chez le chef du pouvoir exécutif. Pour la troisième fois il chargea son ministre des finances de proposer, après les vacances de Pâques de 1872, l'impôt sur les matières premières brutes, c'est-à-dire les textiles non compris, ce qui était une nouvelle faveur accordée aux fabricants de tissus, très-hauts et très-puissants seigneurs même dans les assemblées législatives. Les ministres des finances de ce gouvernement n'étaient pas à la hauteur de leur tâche.

Dans les époques difficiles on avait eu Turgot, Necker, Mollien, l'abbé Louis, de Villèle, hommes d'initiative, capables de concevoir et d'opérer une réforme.

En 1871, un véritable administrateur des finances fit totalement défaut. M. Thiers était passionnément épris d'équilibrer le budget, mais pour y parvenir il eut recours à des moyens qui n'étaient plus en rapport avec les habitudes commerciales et auxquels il fallut bien renoncer dès qu'il eut quitté le pouvoir. Le ministre chargé de présenter pour la troisième fois l'impôt sur les matières premières était M. de Goulard, caractère faible et flottant en politique (on le vit bien dans la suite), nullement initié à la science des finances et incapable d'émettre sur ce sujet une autre opinion que celle du chef du pouvoir.

Le nouveau ministre des finances, qu'un de ses biographes, naïf ou bouffon, a commis la bévue de comparer à Mazarin et même à Richelieu, était un instrument passif entre les mains de M. Thiers, qui le faisait passer tour à tour du ministère de l'agriculture à celui des finances ou à celui de l'intérieur, suivant qu'il avait besoin à la tête de ces administrations d'un homme entièrement soumis à ses vues.

M. Pouyer-Quertier avait formulé le fonds de ses idées par ces mots : « Nous entendons, en laissant aux échanges toute la liberté compatible avec la prospérité publique, assurer à nos industries, à celles qui depuis trois quarts de siècle font la fortune de la France, la *protection de tarifs suffisants pour qu'elles n'expirent pas sous la concurrence illimitée de l'étranger...* Nous voulons

laisser exister tous les tarifs sur les fers et leurs dérivés,
sur les houilles, les produits chimiques, etc., et relever
les droits sur les filés et les tissus de coton, de lin et de
laine, et ceux de laine mélangée. »

M. de Goulard n'avait pas de système ; il n'exposa pas
de théorie générale ; il se contenta de quelques affirma-
tions plus ou moins contestables : « Le gouvernement,
dit-il, est convaincu que c'est aux matières premières
qu'il doit équitablement demander une partie notable de
ses ressources.... Le gouvernement a la conviction que les
matières premières étaient en état de fournir au pays
une somme de 170 à 180 millions de francs (1). » Remar-
quez que le ministre ne parlait pas au figuré, il était con·
vaincu de ce qu'il disait. C'était ignorer l'*a b c* de la
question. Lorsque un an plus tard on effaça cet impôt de
notre budget, on acquit la preuve qu'il n'eût pas produit
plus de 2 millions. Des difficultés que pouvaient faire
naître les traités de commerce signés avec les différents
Etats de l'Europe, M. de Goulard n'en dit pas un mot, il
est vrai que M. Thiers se proposait de le suppléer sur ce
point. Le président de la République prononça plus de
vingt discours dans ce grand débat qui dura plus d'un
mois. Il suivit attentivement toute la discussion, ne cédant sur aucun point, répondant à tout, et, quand son
ministre des finances était à la tribune, lui criant de sa
place d'insister sur tel ou tel argument, en un mot, il usa
de tous les moyens pour gagner cette cause au triomphe
de laquelle il croyait attachés l'honneur et la fortune du
pays. Cette fois l'Assemblée nationale ne fut pas convaincue, elle céda pourtant par complaisance pour le chef de
l'Etat. L'impôt sur les matières premières fut voté à une

(1) Séance du 25 juin 1872.

faible majorité, mais il était clair que ce vote n'avait pas d'autre but que celui de consolider le gouvernement. Les votes politiques dans les questions d'affaires ont ordinairement le sort qu'ils méritent, ils produisent une œuvre bâtarde qui ne dure pas. La loi sur les matières premières donna les mêmes résultats que les autres lois protectionnistes élaborées par le gouvernement de M. Thiers. La campagne que l'on avait entreprise contre le libre-échange était terminée : on avait établi une loi de protection sur la marine marchande, le traité de commerce était dénoncé et un autre plus restrictif était en délibération, enfin les matières brutes allaient être grevées de droits assez élevés. Que résulta-t-il de tout cela ? Cette tentative semble avoir été faite pour démontrer une dernière fois l'inanité du système protecteur et les avantages de la liberté. Les désastreux effets de la surtaxe de pavillon se firent sentir après six mois seulement d'expérience. Les marchandises au lieu d'arriver par de vieux navires français qui n'étaient que des sabots, se transportaient par des vaisseaux étrangers, bien construits, et entraient en France par la voie de Gênes et d'Anvers, afin d'éviter les droits de surtaxe. En outre, le gouvernement des Etats-Unis usait de représailles à l'égard de notre pavillon. La nouvelle loi ne procurait donc aucun avantage à notre flotte, et elle nuisait considérablement à nos ports maritimes. La conclusion d'un nouveau traité de commerce avec l'Angleterre dépendait en partie de la manière dont serait appliqué l'impôt sur les matières premières. L'Angleterre ne pouvait consentir à être plus maltraitée que les autres nations avec lesquelles nous avons l'habitude de trafiquer, or les traités passés avec ces nations devaient durer encore quatre ou cinq ans. Outre qu'il était impolitique au suprême degré, dans la situation où nous nous trouvions, de froisser une puissance amie, nous risquions d'avoir le charbon anglais à un prix plus élevé et par conséquent de subir une perte commerciale notable. Les pourparlers qui eurent lieu pour l'élaboration du nouveau traité traînèrent en longueur pendant plusieurs mois. Quand on fut tombé d'accord sur les termes du traité, il fallut s'entendre sur la manière de le mettre en pratique. Impossible de trouver une solution. Les agents de l'administration française et ceux de l'administration anglaise étaient continuellement sur le chemin de Londres et de Paris afin de discuter aujourd'hui un moyen, demain un autre. Quant à l'application de l'impôt sur les matières premières, elle présentait les mêmes difficultés. Il figurait sur le budget de 1873 pour une somme de 93 millions, et il n'avait encore rien produit au mois d'avril de cette année. Il est évident qu'il ne pouvait pas se percevoir sur les matières expédiées des pays avec lesquels nous avions signé des conventions commerciales. Certains députés plaisants proposaient de laisser cette taxe sur le budget pour mémoire et de la remplacer au plus tôt par une autre plus productive. Chose singulière, ceux qui s'étaient montrés les plus fanatiques partisans de l'impôt sur les matières brutes étaient les premiers maintenant à s'en plaindre ; ils se prétendaient frappés, gênés, tracassés par la nouvelle loi et ils ne trouvaient pas dans les droits compensateurs la protection promise. Les choses en étaient arrivées à ce point qu'il était nécessaire, urgent, d'abandonner la politique commerciale suivie depuis deux années. Il y allait de l'existence même du gouvernement. Il est à croire que si M. Thiers eût pu triompher de la coalition monarchique qui le renversa il eût trouvé dans le maintien de sa politique économique un écueil redoutable. Le gouvernement réactionnaire, qui se constitua le 24 mai, revint aux principes d'une économie libérale, soit pour jeter du discrédit sur le gouvernement qui venait de tomber, soit pour donner satisfaction aux vœux du commerce et de l'industrie. La loi relative à la surtaxe du pavillon fut abolie, un traité de commerce fut signé avec la Grande-Bretagne sur les bases de celui de 1860, et l'impôt sur les matières premières fut supprimé. Cette réforme était achevée à la fin de 1873.

IX

RÉACTION ACTUELLE. — CARACTÈRE DU SYSTÈME RESTRICTIF DE L'ALLEMAGNE. — EFFETS DU SYSTÈME RESTRICTIF DES ETATS-UNIS. — PRINCIPAUX GRIEFS DES PROTECTIONNISTES FRANÇAIS ; LES ARGUMENTS ; RÉFUTATION DE CES ARGUMENTS. — CONCLUSION.

Le système protecteur, qui avait toujours perdu du terrain depuis l'époque relativement peu éloignée où les économistes en ont montré la fausseté et les abus, semble reprendre un peu de vie. Il n'a plus pour lui, il est vrai, l'appui des masses, on a mis à découvert le véritable motif de ses calculs et de ses prétentions égoïstes, mais il est soutenu par des hommes puissants, qui siégent dans les Chambres, dans les bureaux de l'administration, dans les conseils généraux, qui occupent des armées d'ouvriers, qui font et refont l'opinion dans une province, par des hommes enfin qui ont l'influence de la fortune et qui ont l'art de s'en servir pour défendre leurs intérêts personnels. Les discours que tiennent ces hommes ne ressemblent pas à ceux que l'on débitait il y a quarante ans sur le même sujet. D'abord, ils ont horreur des mots protection et privilége ; ils sont à cet égard d'une susceptibilité excessive, semblables à la femme de César ils ne veulent même pas être soupçonnés. Ils disent bien haut qu'ils sont les adversaires du régime protecteur ; bien plus, quelques-uns se déclarent partisans du libre-échange, ne faisant de son application qu'une question d'opportunité. Ainsi, l'ancienne thèse de la protection n'a plus de partisans avoués. Aucun homme d'Etat de l'Europe n'oserait en faire un principe de gouvernement ou d'administration. Cela est si vrai que le puissant chancelier de l'empire d'Allemagne, qui est parvenu au prix des plus grands sacrifices à faire voter la nouvelle loi douanière, a surtout allégué les besoins du Trésor, insistant sur le caractère fiscal de la loi. Dans une lettre à la commission pour la révision des tarifs, il écrivait ces mots : « Les nécessités financières exigent que le point de vue économique soit subordonné au point de vue financier. » L'expérience montrera sous peu au chancelier qu'il s'est même trompé sur le moyen à employer pour grossir les revenus du Trésor.

Les Américains des Etats-Unis suivent depuis longtemps, et avec l'impétuosité particulière au caractère *yankee*, la théorie commerciale que le prince de Bismarck vient d'introduire dans l'administration de l'empire allemand. Ils n'ont pas lieu de s'en féliciter. Il n'y a pas de pays mieux doué que l'Amérique du Nord : des vallées d'une fertilité incomparable, un climat qui se prête à toutes les cultures, des terres immenses, une population extrêmement active, des voies de communication naturelles et artificielles comme on n'en trouve dans aucune autre contrée, des côtes qui lui permettent de trafiquer avec les deux continents du vieux monde,

des mines de fer, de cuivre et de houille presque inépui-
sables. Eh bien, qu'a-t-elle retiré de ses lois restrictives? Sa marine marchande est anéantie, les prix de
toutes choses s'y sont considérablement élevés, la vie y
est devenue plus chère, les ouvriers n'y trouvent pas
autant de travail qu'autrefois, le courant d'émigration
qui s'y portait s'est ralenti et le paupérisme qui y était
inconnu l'a déja envahie. On dit que son commerce extérieur a beaucoup augmenté. Il n'égale pas celui de
la France et moins encore celui de l'Angleterre, bien
qu'elle ait une population supérieure à celles de ces
deux Etats. Les exportations de l'Amérique consistent
pour la majeure partie en céréales et en comestibles ; en
objets manufacturés elles sont presque nulles (1). Du
reste, les Américains n'ont plus la même foi dans l'effi-
cacité des droits protecteurs.

En France, nous assistons depuis près de deux ans
à un spectacle comique : les représentants de toutes les
industries défilent devant la commission parlementaire
des tarifs de douane et demandent successivement des
réductions de droits sur les matières premières dont ils
se servent et des taxes plus élevées sur les articles de
leurs industries, fabriqués à l'étranger. Il serait trop
long de reproduire ces réclamations, mais nous sommes
sûrs qu'elles procureraient un moment de douce gaieté
au lecteur.

Disons brièvement quelles sont, à l'heure actuelle,
les industries qui s'opposent avec le plus d'opiniâtreté à
la pratique du libre trafic international. Au premier
rang on distingue les filateurs de coton, principalement
ceux de la région rouennaise, puis viennent les maîtres

(1) Si on veut des chiffres, consulter: *The Free Trade and the
Protection*, by H. Fawcett, pages 122 et s.

de forges et ensuite les armateurs et les constructeurs de navires. On se souvient des démarches que ces trois catégories d'industriels ont faites auprès du gouvernement du 16 mai, et qu'ils ont renouvelées auprès du président Grévy. Leurs griefs reviennent invariablement à ceci : « La matière première nous coûte plus cher qu'à nos concurrents étrangers, nos établissements font la prospérité de la France, nous faisons vivre un grand nombre d'ouvriers, si le gouvernement ne nous vient pas en aide contre la concurrence étrangère, en frappant les produits du dehors, la fortune du pays est compromise. » Pour toute personne qui raisonne sans parti pris il n'y a pas là une ombre de logique. Comment la prospérité de l'Etat peut elle dépendre d'une foule d'établissements qui ne se soutiennent que par l'argent des consommateurs, c'est-à-dire des contribuables ? Le public n'aurait-il pas plus d'avantage à se procurer les objets fabriqués par ces établissements à un prix d'un quart, d'un tiers ou de moitié moins élevé ? Or, il pourrait les avoir à ces conditions si les droits d'entrée établis au profit des industries nationales n'existaient pas. L'intérêt public et la richesse publique demanderaient donc plutôt qu'on laissât le passage libre à tous les produits, afin que chaque consommateur eût la facilité de s'approvisionner à bon marché de tous les objets qui lui sont nécessaires. Les industries protégées disent de plus qu'elles font vivre des populations entières. Le bel avantage ! Comment les font-elles vivre ? avec l'argent des autres, avec l'argent du public. A ce compte, on pourrait appeler une entreprise utile celle qui consisterait à employer au Champ-de-Mars, aux frais du Trésor, des ouvriers qui creuseraient des fossés pour les combler une heure après.

Il est inutile d'insister sur ces allégations manifestement absurdes. Mais est-il exact de dire que la matière première coûte plus cher en France qu'à l'étranger et que le prix de revient est plus élevé pour les producteurs français que pour ceux des autres pays? Les filateurs de coton et les métallurgistes ne se lassent pas de répéter, par exemple, que le prix de la tonne de houille, en Angleterre, varie de 8 à 10 francs, tandis qu'il se fixe entre 22 et 25 francs chez nous. Ils partent de ces évaluations pour avancer que le prix de revient d'une broche, en France, atteint 60 francs par [an, tandis qu'il ne dépasse pas 36 francs de l'autre côté du détroit. Quand on se livre à un examen consciencieux des faits, on voit qu'il en faut rabattre de ces exagérations.

M. Fernand-Raoul Duval, qui a été chargé, dans ces derniers temps, de faire une enquête sur la production de l'industrie du coton et de l'industrie du fer en Angleterre, donne des chiffres fort différents de ceux des protectionnistes français. Suivant lui, le prix de la houille anglaise et française dans la Seine-Inférieure était, en 1876, de 18, 19 et 20 francs la tonne. A Manchester, ce prix était de 10 fr. 50 et de 11 francs. Dans les départements du Nord le prix du charbon était encore moins élevé qu'en Normandie. Il en résulte que sur ce point l'écart est déjà beaucoup moins sensible que ne le prétendent les industriels désignés plus haut. Si l'on tient compte, en outre, qu'en France les salaires sont moindres et que la journée de travail est plus longue, on arrive facilement à cette conviction que ces industries se trouvent dans les deux pays à peu près dans les mêmes conditions. Il convient de remarquer aussi que l'exploitation des mines de houille en France se perfectionne et se développe tous les jours. Elles ne rendaient, en 1859, que 74,826,000 quintaux métriques d'une valeur de 95 millions; leur rendement s'est élevé successivement jusqu'à 169,490,000 quintaux métriques en 1875. Du reste, il n'est personne aujourd'hui un peu au fait des habitudes des filateurs et des propriétaires de forges qui soit surpris de leurs cris de détresse. Il y a près de vingt ans qu'ils se plaignent comme s'ils étaient à la veille de mourir, et ils vivent toujours, et leur fortune va toujours grandissant. Avant 1860, nos exportations en fils et tissus de coton étaient de 65 millions de francs, chiffre moyen; elles ont atteint, en 1875, 88 millions. La métallurgie française était protégée, il y a quelque trente ans, par un droit de 225 francs, droit qui fut réduit à 120 francs au commencement de l'empire. Croyez-vous que ce régime ait été favorable au développement de notre production? pas du tout. Le fer était très-cher, et on en produisait peu, ce qui faisait que les machines étaient rares et que la construction des voies ferrées avançait lentement. Le traité de commerce réduisit le droit à 70 francs la tonne, chiffre qui fut abaissé à 60 francs peu de temps après. Quelle a été la conséquence de cette réforme? Les maîtres de forges, aiguillonnés par la concurrence, ont renouvelé leur outillage; ils ont peu à peu abandonné la fabrication au bois pour faire usage de la houille; ils ont construit des hauts-fourneaux sur le modèle anglais. Ils se sont mis, en un mot, au niveau des métallurgistes les plus habiles de l'Angleterre. Aussi, la production qui n'était que de 1,376,251 tonnes en 1857, s'est élevée à 2,182,808 tonnes en 1876, après la perte de l'Alsace-Lorraine. On ne comprend pas dans ce chiffre les aciers de forge puddlés et l'acier Bessemer. Un fait considérable à signaler : autrefois nous faisions venir du minerai de fer des pays voisins; aujourd'hui l'Algérie nous en fournit une immense quantité. En 1859 notre colonie africaine ne nous fournissait que 12 millions de kilogr. de minerai, elle nous en a envoyé 384 millions de kilogr. en 1875. Grâce à cet apport, la France a pu vendre du minerai de fer à la Belgique et à l'Allemagne, dans ces dernières années.

Pour la marine marchande, elle est en souffrance, personne ne saurait le nier, mais ce n'est pas avec des droits restrictifs qu'on la rendra prospère. On demande des surtaxes d'entrepôt, des primes pour les armateurs et les constructeurs, des droits de quais et de phare. Quelle dérision! Les villes maritimes où l'on voit le plus de navires et le plus de commerce sont précisément celles qui sont exemptes de toutes ces entraves. Ce sont les ports de l'Angleterre, c'est Anvers, ce sera bientôt Gênes et Trieste. On fait observer que les ports de l'Angleterre ont des droits de quais et de phares, mais on oublie que dans ce pays les droits de douane sont nuls ou insignifiants. C'est de ce côté que nous devons chercher nos modèles en matière de commerce.

On a vu en quoi consistent les plaintes des industriels protectionnistes; examinons maintenant les raisons générales qu'ils font valoir contre la liberté du commerce.

Ils disent premièrement que la France s'est appauvrie depuis qu'elle pratique la liberté des échanges. Nous n'opposerons que quelques chiffres à cette affirmation.

Dans l'espace de quinze ans le mouvement de l'escompte de la Banque de France s'est accru de 2 milliards. Son portefeuille a doublé. Notre outillage a 17,200 machines de plus qu'en 1860. Ces machines met-

tent au service de la seule industrie privée une force
nouvelle de 210,080 chevau . Toutes compensations
faites, notre stock métallique s'est accrue de 4 milliards
800 millions. Le mouvement de notre commerce extérieur était, en 1859, de 4,904 millions, il s'est élevé successivement jusqu'à 8,940 millions en 1877. Paris exporte
aujourd'hui pour plus de 600 millions de francs, tandis
que ce commerce ne dépassait guère 350 millions en
1859. Nous pourrions citer d'autres faits aussi con-
cluants.

Un autre argument des protectionnistes consiste à
dire que la richesse nationale est en péril, parce que
depuis deux ans le chiffre de nos importations dépasse
celui de nos exportations. On le voit, c'est la vieille
théorie du système mercantile : la balance ne penche
plus de notre côté; notre monnaie sort de nos poches
pour aller remplir celles de nos voisins. Mais l'Angleterre plus encore que la France voit ses importations
dépasser ses exportations, elle succombe donc aussi,
écrasée par quelque nation plus heureuse ou plus habile?
Ce qui est vrai, c'est qu'il ne faut pas attacher beaucoup
d'importance au perpétuel changement des importations
et des exportations. Rien n'est plus variable. L'administration des douanes publie des tableaux du commerce extérieur qui remontent jusqu'à 1827. Les lignes
graphiques qui marquent, dans ces tableaux, le double
courant des importations et des exportations, ont des
brisures et des entrelacements innombrables, indi-
quant tantôt la baisse, tantôt la hausse, des entrées sur
les sorties. Depuis 1860, le chiffre des importations a
été, à deux reprises différentes, inférieur à celui des
exportations, il lui est supérieur en ce moment, mais
rien ne prouve qu'il y ait là une situation alarmante

ni même définitive. Nous ne voulons pas dire, cependant, que cet excédant ne soit un signe et un effet de la
crise industrielle générale dont on a parlé plus haut.

D'ailleurs, il y a un fait qui expliquerait jusqu'à un
certain point pourquoi les importations dépassent, chez
nous, les exportations. Les pays civilisés, qui ont
accumulé pendant plusieurs siècles, par leur travail et
leur commerce, d'immenses capitaux, exportent dans
les pays plus jeunes une partie de ces capitaux, sous
forme d'obligations et d'actions de chemins de fer, de
mines, de travaux d'embellissement et autres entre-
prises de ce genre. Cette exportation de capitaux, faite
en une fois, donne naissance à un revenu annuel qui
est payé en marchandises ou en argent. Ce revenu
grossit naturellement le chiffre des importations du
pays qui a avancé les capitaux. Il s'ensuit qu'un pays
jeune, pauvre mais actif, doit donner annuellement à
un pays riche plus qu'il n'en reçoit, puisqu'il s'est constitué le débiteur de celui-ci (1).

De plus, si l'argument des protectionnistes avait quelque valeur, c'est-à-dire si le haut chiffre des importations était un signe de ruine, il en faudrait conclure qu'une nation s'enrichirait à beaucoup vendre à
l'étranger et à ne rien lui acheter, ainsi que le voulaient
les anciens partisans du système mercantile. Il n'y a
au fond de tout cela qu'une illusion. Prenons un exemple : supposons que la république des Etats-Unis, qui
vit sous le régime de la protection, élève encore ses
droits de manière à ne recevoir de l'étranger aucune
marchandise. Elle vend à la France, à l'Angleterre et
aux autres pays du blé, du maïs, du coton, du porc salé,

(1) Voir *Free-Trade and Protection* by Fawcett, p. 122 et s.

et elle ne reçoit en retour que de l'argent. Qu'est-ce qui arrive? La monnaie étant une marchandise soumise aux mêmes lois que les autres marchandises a une moindre valeur. Sa valeur ayant baissé. le prix des choses monte, c'est-à-dire que s'il fallait 5 dollars pour acheter une paire de chaussures, il en faudra maintenant 6 ou 8. Mais, dès que les prix des marchandises montent, les fabricants étrangers ont plus de facilités pour présenter sur le marché américain leurs produits. Dernière conséquence : le gouvernement des Etats-Unis, toujours soucieux de favoriser l'industrie nationale, sera obligé d'augmenter encore ses droits protecteurs.

Une troisième raison, présentée par les partisans du protectionnisme et qui a paru bonne à M. de Bismarck, est celle-ci : Non-seulement les droits de douane protégent l'industrie nationale, mais, ces droits étant payés par les étrangers, on fait contribuer les étrangers à accroître les ressources du Trésor.

En est-il vraiment ainsi? S'il y a un droit de 10 p. 100, je suppose, à l'importation des tissus de coton, que fera l'exportateur étranger? Il élévera le prix de son produit en proportion du droit, c'est-à-dire qu'il portera ses prix à 10 ou à 12 p. 100 plus haut que si le droit n'existait pas. S'il ne peut pas vendre ses tissus à ce prix, il s'abstiendra de les porter sur le marché, car il ne vend pas à perte. En définitive, c'est le consommateur indigène qui paye le droit; c'est pour lui un autre impôt sous une forme nouvelle. Maintenant, le droit est-il tellement élevé que le fabricant étranger soit absolument écarté, il en résulte pour le consommateur indigène un double tort. Ou bien il est privé d'un produit qui lui était utile, ou bien il le paiera au manufac-

turier du pays un prix surélevé, car les manufacturiers
nationaux, à l'abri de la concurrence étrangère, établi-
ront des prix de vente aussi rapprochés que possible de
celui que le droit de douane impose au fabricant étranger.
Ainsi, ce qui est clair, c'est que le public public perd,
que le Trésor ne gagne rien, et que seul l'industriel
protégé pourra s'enrichir.

Lorsqu'on demande aux amis du système restrictif
de désigner les industries qui doivent être protégées,
on les met dans un grand embarras. Est-ce l'industrie proprement dite? Pourquoi l'agriculture n'aurait-
elle pas les mêmes droits? Logiquement même, si on
établit une taxe au profit d'une branche du travail
national, on est obligé de faire les mêmes avantages
à toutes les autres. Ainsi, les entrepreneurs qui exploi-
tent les mines de houille demandent une surélévation
des droits à l'entrée des houilles du bassin de Char-
leroi. Que l'on cède à leur demande, on entendra les
maîtres de forges crier jusqu'au ciel qu'on les ruine,
et il faudra créer de nouvelles taxes pour protéger ces
derniers. Dès lors, le prix du fer et des machines de
toutes sortes montera, vous voilà forcé d'élever les
droits sur les filés, sur les tissus, sur le blé, sur tout.
Le système protecteur est une véritable course à la
hausse des tarifs, un cercle vicieux où une taxe appelle
une autre taxe.

Cependant, on trouve des fanatiques qui prétendent
que toutes ces taxes n'ont aucun inconvénient lorsqu'elles
protégent également toutes les branches d'industrie. Il
faut, disent-ils, établir : des droits à l'entrée des objets
manufacturés en Suisse, parce que l'industrie suisse
supporte des impôts moins lourds que l'industrie française; des droits sur les vins espagnols, parce que le prix

de la main d'œuvre est moins élevé en Espagne qu'en France ; des droits sur les blés des Etats-Unis ; des droits sur les houilles de Belgique et d'Angleterre, sur les fers, sur les filés, etc., etc. En admettant même ce raisonnement absurde, peut-on espérer d'accorder une protection parfaitement égale à toutes les classes de producteurs ? Quelle sera la règle à suivre ? Les pouvoirs publics seront chargés d'apprécier la vitalité de telle ou telle entreprise industrielle et d'assurer son existence par des droits plus ou moins élevés. Ont-ils la compétence requise pour cela ? Dans tous les cas, il résulterait de cette tarification compliquée une hausse générale dans les prix. Il faudrait par contre-coup élever les traitements des fonctionnaires, les gages des employés, les salaires des ouvriers. Cette augmentation est un signe de progrès lorsqu'elle est l'effet de l'accroissement de la richesse et de la production, elle est au contraire une cause de malaise et un signe de pauvreté lorsqu'elle provient d'une réglementation officielle, sujette à des changements continuels . . . .

En résumé, depuis que le commerce et l'industrie ont pris dans la vie des peuples une place si considérable, la liberté des échanges internationaux est devenue d'une application de plus en plus étendue. Cette nouvelle politique s'est imposée comme une nécessité. On semble l'abandonner en ce moment, mais on y reviendra. Les sociétés modernes sont organisées d'après des principes qui permettent à chaque individu de développer ses facultés et d'améliorer, par son travail, sa situation physique et morale. L'homme, étant un animal qui aspire toujours à mieux, a profité de ces conditions sociales nouvelles pour procurer plus de bien-être à lui et à ses enfants. C'est ce qui explique cet empressement, cette fureur à s'enrichir qui distingue notre génération. Si on ne peut pas acquérir de grandes richesses on veut au moins se créer une modeste aisance. Ce désir a plus ou moins envahi les âmes les plus pures. On voit quelquefois des moralistes et des rhéteurs auxquels le spectacle de ce matérialisme grossier arrache des paroles mélancoliques. Il faut qu'ils en prennent leur parti. Le siècle a des goûts positifs, il honore la science parce qu'elle guide la civilisation et qu'elle féconde l'industrie, mais il tient en médiocre estime les vertus inertes et l'abnégation des ascètes.

Lorsque la majorité des hommes étaient courbée sous le joug d'une classe privilégiée, le renoncement aux biens de la terre leur était imposé par la force des choses. Privés de la liberté du travail et de l'égalité devant la loi, comment auraient-ils pu espérer de rendre leur sort meilleur ? Aujourd'hui, toutes ces entraves sont brisées, et si les classes pauvres sont tourmentées du désir de se procurer une certaine somme de jouissances honnêtes elles obéissent à une loi naturelle ; c'est leur droit, et on peut dire que l'exercice de ce droit est le signe du véritable progrès. La légitimité de cette tendance étant reconnue, que faut-il désirer ? Que l'activité industrielle soit portée au plus haut degré, afin qu'elle puisse produire non plus seulement pour une catégorie de citoyens mais pour la grande majorité du public.

Ce sont les masses qu'il faut approvisionner aujourd'hui, et cet approvisionnement doit être fait à bon marché, c'est-à-dire avec surabondance. Le bas prix, ou, ce qui revient au même, l'abondance des produits est une condition qui ne s'obtient régulièrement qu'en permettant à tous les producteurs de se présenter sur le marché. Écarter le producteur du Nord, au moyen de certains

droits, afin de laisser la place exclusivement au producteur du Midi, c'est créer en faveur de celui-ci un privilége, dont il profite pour conserver de vieux procédés de
fabrication, pour restreindre sa production et élever ses
prix. Qui est-ce qui en souffre ? Le public, les classes
pauvres, dont le désir, nous l'avons dit, le désir très-lé-
gitime est d'améliorer les conditions de leur existence.
Il n'est pas un homme attentif aux aspirations des peuples modernes et un peu au courant des faits économiques qui ne sente la nécessité de supprimer les barrières
établies entre les divers Etats, sous forme de douanes, et
de soumettre l'industrie de tous les pays au régime de la
concurrence, le seul capable d'accroître la production et
d'amener la baisse des prix. Le globe doit être considéré
comme un vaste domaine ouvert à la libre exploitation
de tous les hommes et dans lequel chacun peut acquérir
tous les produits dont il a besoin, par l'échange, aux
conditions les plus favorables. Lorsque le législateur
m'empêche de me fournir de fer, de charbon ou de fils de
coton dans un pays qui pourrait me livrer ces marchandises à très-bon compte, il m'oblige à m'adresser à d'autres producteurs plus exigeants et par conséquent à faire
une plus grande dépense, ce qui m'appauvrit, ou bien il
m'oblige à me passer de ces objets, ce qui est encore pour
moi un appauvrissement. La volonté du législateur, dans
ce cas ou dans des cas analogues, ne contrarie pas seulement un désir individuel légitime, elle va contre l'intérêt
général, car cet objet, que l'on voulait faire venir de l'é-
tranger, était peut-être destiné à alimenter une industrie
et par conséquent une source de richesse.

Ainsi, par quelque côté que l'on envisage ce sujet, on
arrive toujours à cette conclusion, que la liberté des

échanges entre les peuples doit être la base de la politique commerciale de notre époque. Ce principe doit pénétrer de plus en plus dans la rédaction des traités de commerce jusqu'à ce que ces conventions soient rendues inutiles par la pratique de la liberté absolue.

Parmi les taxes protectionnistes qui fourmillent dans notre tarif douanier, on pourrait d'ores et déjà réduire d'un tiers ou de moitié celles qui pèsent sur les fers et sur les filés de coton et effacer celles qui frappent encore le charbon de terre. En Allemagne et en Suisse les droits sur les filés de coton sont extrêmement modérés en comparaison de ceux qui existent en France, et cependant l'industrie cotonnière s'exerce avec succès dans ces deux Etats. Le nouveau droit du tarif de M. de Bismark sur les filés de coton est moins élevé que celui du tarif français. Il n'y a aucun motif pour que notre pays suive une pratique moins libérale. S'il est un obstacle au développement de notre production nationale, il provient de la quantité énorme d'impôts que nous sommes obligés de payer ; dès lors il est du plus haut intérêt qu'on supprime les tributs et les redevances imposés au public au profit des industries protégées. Nul doute que la République ne tienne à consolider son pouvoir dans le pays par la réalisation de cette œuvre de progrès.

TABLE DES MATIÈRES.

VI.

VII.

VIII.

IX.

Paris. — Typ. A. PARENT, r. M.-le-Prince, 29-31.

www.ingramcontent.com/pod-product-compliance
Lightning Source LLC
LaVergne TN
LVHW010318030726
842520LV00004B/1143